Daniel Jurischka

Planung eines Webauftritts: Ein Leitfaden für kleine und mittelständische Unternehmen

Bachelor + Master
Publishing

Jurischka, Daniel: Planung eines Webauftritts: Ein Leitfaden für kleine und mittelständische Unternehmen. , Hamburg, Diplomica Verlag GmbH 2011
Originaltitel der Abschlussarbeit: Leitfaden für den Webauftritt kleiner und mittelständischer Unternehmen im Bereich Herstellung und Vertrieb

ISBN: 978-3-86341-097-1
Druck: Bachelor + Master Publishing, ein Imprint der Diplomica® Verlag GmbH, Hamburg, 2011
Zugl. Wilhelm-Büchner-Hochschule Darmstadt, Darmstadt, Deutschland, Diplomarbeit, 2010

Bibliografische Information der Deutschen Nationalbibliothek:
Die Deutsche Nationalbibliothek verzeichnet diese Publikation in der Deutschen Nationalbibliografie;
detaillierte bibliografische Daten sind im Internet über http://dnb.d-nb.de abrufbar.

Die digitale Ausgabe (eBook-Ausgabe) dieses Titels trägt die ISBN 978-3-86341-597-6 und kann über den Handel oder den Verlag bezogen werden.

© Bachelor + Master Publishing, ein Imprint der Diplomica® Verlag GmbH
http://www.diplom.de, Hamburg 2011
Printed in Germany

Inhaltsverzeichnis

Abkürzungsverzeichnis VI

Tabellenverzeichnis VII

Abbildungsverzeichnis VII

1   Einleitung 1

2   Kleine und mittelständische Unternehmen 3

2.1   Definition von KMU 3

2.2   Unterschiede zwischen KMU und Großunternehmen 5

2.3   Bedeutung für die Wirtschaft 7

2.4   Wirtschaftsbereich Herstellung und Vertrieb – ein Beispielunternehmen 9

3   Planung eines Webauftritts 11

3.1   Informationsbedarf und Erwartungen der Website-Benutzer 11

3.2   Ziele eines Webauftritts für Unternehmen 14

3.3   Zugangswege zur Website 18

3.3.1   Webkataloge 19

3.3.2   Suchmaschinen 20

3.4   Website-Inhalte 21

3.5   Hosting einer Website 28

3.6   Berücksichtigung von Kosten 30

4   Content Management Systeme 35

4.1   Begriffsdefinition 35

4.2   Funktionsweise 37

4.2.1   Aufgabenbereiche 38

4.2.2   Unterstützende Funktionen 41

4.3   Auswahl eines CMS 43

4.3.1   Bedienbarkeit 43

4.3.2   Integrationsfähigkeit 44

4.3.3   Zukunftsfähigkeit und Erweiterbarkeit 45

4.3.4   CMS als Standardlösung oder individuell entwickeltes System 46

4.4   Vergleich von Joomla! und Typo3 47

5   Fazit 51

Anhangsverzeichnis IV

Anhang V

Referenzen VIII

Abkürzungsverzeichnis

API	Application Programming Interface
ASP	Active Server Pages
CRM	Customer Relationship Management
CMS	Content Management System
CSS	Cascading Style Sheet
Ebd.	Ebenda
ECMS	Enterprise Content Management System
ERP	Enterprise Resource Planning
FAQ	Frequently Asked Questions
GPL	General Public License
HTML	Hypertext Markup Language
ICQ	Homophon für „I seek you" (Instant-Messaging-Programm)
IKT	Informations- und Kommunikationstechnologie
IT	Informationstechnologie
KMU	Kleine und Mittelständische Unternehmen
Mio.	Millionen
OECD	Organisation for Economic Co-operation and Development
ODP	Open Directory Project
PDA	Personal Digital Assistant
PDF	Portable Document Format
PHP	PHP: Hypertext Preprocessor
PR	Public Relations
TLD	Top Level Domain
URL	Uniform Resource Locator
Vgl.	Vergleiche
WCMS	Web Content Management System
WWW	World Wide Web

Tabellenverzeichnis

Tabelle 1   KMU-Definition der Europäischen Kommission

Tabelle 2   KMU-Definition des Instituts für Mittelstandsforschung Bonn

Tabelle 3   KMU und Großunternehmen im Vergleich

Abbildungsverzeichnis

Abbildung 1   Erwartungen von Benutzern an Websites

Abbildung 2   Erwartungen von Unternehmen an einen Webauftritt

Abbildung 3   Evolutionsprozess der Website-Entwicklung

Abbildung 4   Client-Server Interaktion zum Abruf statischer Webseiten

Abbildung 5   Client-Server Interaktion zum Abruf dynamischer Webseiten

Abbildung 6   Visuelle Begriffserklärung von WCMS

Abbildung 7   Template-basierte Generierung einer Webseite

1 Einleitung

Das Internet wird als Plattform verwendet, auf der Unternehmen unabhängig von Raum und Zeit präsent sein können. Diese Möglichkeit eröffnet neue Sphären: ein neuer Markt entsteht, potentielle Kunden werden auf ein Unternehmen durch die Verwendung von Suchmaschinen aufmerksam und können jederzeit unabhängig von Geschäftszeiten mit Informationen versorgt werden. Jedoch wird der Wettbewerb durch mehr Konkurrenz im Internet zunehmend größer und der Bedarf für professionelle Online-Auftritte wächst ständig, da Kunden eine zunehmend anspruchsvolle Erwartungshaltung an Websites von Unternehmen entwickeln. Dies gilt auch für Webauftritte von kleinen und mittelständischen Unternehmen. Gerade kleinere Unternehmen haben jedoch häufig noch keinen professionellen Webauftritt, da ihnen oftmals die Bedeutung und Möglichkeiten einer Website nicht bekannt sind, unklar ist, wie man bei der Erstellung einer Website vorgehen muss oder Kapazitäten nicht vorhanden sind, um einen geeigneten Online-Auftritt zu entwickeln.

Diese Diplomarbeit soll eine Hilfestellung für kleine und mittelständische Unternehmen im Bereich Herstellung und Vertrieb darstellen. Dabei wird aufgezeigt, welche Aspekte bei der Planung eines Webauftritts beachtet werden müssen (Kapitel 3) und durch welche technischen Systeme die Erstellung von Webseiten und die Pflege von Website-Inhalten unterstützt werden können (Kapitel 4). Im zweiten Kapitel wird vorerst der Begriff der kleinen und mittelständischen Unternehmen näher beleuchtet und auf Unterschiede zu Großunternehmen eingegangen, um eine Kenntnisgrundlage für die darauffolgende Darstellung der Bedeutung dieser Unternehmensgruppe für die Wirtschaft zu schaffen. In diesem Kapitel wird ein fiktives Beispielunternehmen aus dem Bereich Herstellung und Vertrieb eingeführt, anhand dessen im weiteren Verlauf der Diplomarbeit die theoretischen Aspekte veranschaulicht werden.
Die Absicht dieser Diplomarbeit ist die Beantwortung folgender Fragestellungen: Was sind klein- und mittelständische Unternehmen und welche Bedeutung hat ein Webauftritt für sie? Was muss bei der Planung eines Webauftritts berücksichtigt werden? Wie lassen sich diese Anforderungen technisch umsetzen?

An dieser Stelle sollen einige in dieser Arbeit verwendeten Begrifflichkeiten definiert und kurz erläutert werden. Die Begriffe Website und Webseite finden unterschiedliche Verwendung. Dabei ist eine *Website* der Webauftritt als Ganzes und beinhaltet somit die Gesamtheit aller Webseiten. *Webseiten* wiederum sind einzelne HTML-Dokumente, die von einem Webbrowser dargestellt werden.

Des Weiteren wird stets unter dem Begriff *Unternehmen* ein klein- und mittelständisches Unternehmen verstanden. Alle Ausführungen zu Webauftritten und Herangehensweisen in dieser Diplomarbeit richten sich an solche kleinen und mittelständischen Unternehmen.

Mit dem Wirtschaftsbereich *Herstellung und Vertrieb* ist in dieser Diplomarbeit das produzierende Gewerbe gemeint. Da dieses Gewerbe sehr divers ist, versucht diese Arbeit möglichst allgemeingültige Aussagen zu treffen, weshalb keine detaillierten Ausführungen zu einzelnen Etappen der Wertschöpfungskette und den darin eingegliederten Unternehmen gemacht werden.

2 Kleine und mittelständische Unternehmen

Unternehmen sind sehr verschiedenartig. So gibt es bedeutende Unterschiede in deren Größe, Wirtschaftsbereich, Zielsetzung, Organisationsform, ethnischer Hintergrund, Wissensstand, verfügbare Ressourcen, Innovationspotential etc.[1] Diesbezüglich sind Unternehmen in unterschiedliche Bereiche klassifizierbar und werden häufig in Gruppen mit gemeinsamen Merkmalen zusammengefasst.

In Abschnitt 2.1 soll eine Begriffsdefinition von kleinen und mittelständischen Unternehmen (KMU) erfolgen, die sich auf die in der Literatur angebotenen Definitionen bezieht und diverse Klassifikationsmöglichkeiten berücksichtigt. Weiterhin werden Unterschiede zwischen KMU und Großunternehmen (Abschnitt 2.2) und die Bedeutung für die Wirtschaft (Abschnitt 2.3) dargestellt. Nachdem allgemeingültige Aussagen zu KMU getroffen wurden, werden in Abschnitt 2.4 die Besonderheiten von KMU im Bereich Herstellung und Vertrieb verdeutlicht. Dabei wird ein fiktives Beispielunternehmen für den Bereich Herstellung und Vertrieb vorgestellt, an dem die theoretisch dargestellten Aspekte der darauf folgenden Abschnitte praktisch veranschaulicht werden.

2.1 Definition von KMU

In der Literatur werden Kleinstunternehmen sowie kleine und mittlere Unternehmen unter dem Begriff KMU zusammengefasst.[2] Deren Definition und Abgrenzung von Großunternehmen erfolgt meist sowohl anhand von quantitativen als auch von qualitativen Merkmalen.

Zu den gebräuchlichsten quantitativen Merkmalen zählen der Jahresumsatz, die Jahresbilanzsumme und die Anzahl der Beschäftigten. Diese dürfen eine festgelegte Obergrenze nicht überschreiten, um als KMU klassifiziert zu werden.

Wie in Tabelle 1 dargestellt, gehören laut der Europäischen Kommission Unternehmen zu den KMU, die weniger als 250 Beschäftigte haben und einen Jahresumsatz von maximal 50 Mio. Euro oder eine Jahresbilanzsumme von maximal 43 Mio. Euro aufweisen.[3]

Für die Begriffsdefinition von KMU wurden von der Europäischen Kommission eindeutig messbare Kriterien gewählt, um eine Voraussetzung für Förderprogramme für

---

[1] Vgl. Taylor, Michael et al., 2004, S. 281.
[2] Vgl. Statistisches Bundesamt Deutschland, 2008, S. 1 und Ergenzinger, Rudolf et al., 2006, S. 66.
[3] Vgl. Europäische Kommission, 2006, S. 14.

Unternehmen durch die öffentliche Hand zu schaffen. Dadurch wird garantiert, dass nur jene Unternehmen wirtschaftliche Unterstützung erhalten, die auch darauf angewiesen sind und eine bestimmte Unternehmensgröße haben.[4]

Tabelle 1: KMU-Definition der Europäischen Kommission

	Mitarbeiterzahl	Jahresumsatz in Mio. €		Jahresbilanzsumme in Mio. €
Mittleres Unternehmen	< 250	max. 50	oder	max. 43
Kleines Unternehmen	< 50	max. 10	oder	max. 10
Kleinstunternehmen	< 10	max. 2	oder	max. 2

Quelle: Eigene Darstellung in Anlehnung an: Europäische Kommission, 2006, S. 14.

Eine von der Europäischen Kommission abweichende Definition gibt es bspw. vom Institut für Mittelstandsforschung Bonn.[5] Demnach zählen zu KMU Unternehmen mit weniger als 500 Beschäftigten und einem Jahresumsatz von maximal 50 Mio. Euro, wie auch in Tabelle 2 verdeutlicht wird.

Tabelle 2: KMU-Definition des Instituts für Mittelstandsforschung Bonn

	Mitarbeiterzahl	Jahresumsatz in Mio. €
Mittleres Unternehmen	< 499	max. 50
Kleines Unternehmen	< 9	max. 1

Quelle: Eigene Darstellung in Anlehnung an: Institut für Mittelstandsforschung Bonn 2009.

Da es keine einheitliche KMU-Definition gibt, ist die Vergleichbarkeit empirischer Studien und Statistiken über KMU problembehaftet, insofern unterschiedliche KMU-Definitionen zu Grunde gelegt werden.

---

[4] Vgl. Europäische Kommission, 2006, S. 8.
[5] Vgl. Institut für Mittelstandsforschung Bonn, 2009.

Eine weitere Klassifizierung von KMU kann anhand von qualitativen Merkmalen erfolgen. Eines der zentralen, für KMU typischen Merkmale ist das Verhältnis zwischen dem Unternehmen und dem Unternehmenseigentümer. Die qualitativen Faktoren beziehen sich hierbei auf das Mitwirken des Eigentümers an der Unternehmensführung.[6] Dabei ist die persönliche Verantwortung für Erfolg und Misserfolg und somit auch die finanzielle Situation des Unternehmens als qualitative Besonderheit spezifisch.[7] Daher liegt die wirtschaftliche Autonomie in KMU in den meisten Fällen bei der Unternehmensführung.[8]

Darüber hinaus sind KMU oft traditionsorientierte Familienunternehmen, die gewachsene Familienstrukturen widerspiegeln und (Familien-)Traditionen als einen wichtigen Bestandteil der Unternehmenskultur sehen. Daraus könnte sich eine weitere qualitative Eigenschaft von KMU ableiten lassen: oft kann eine persönliche Bezugsebene zwischen Beschäftigten und Unternehmensführung festgestellt werden. Aufgrund der kleinen Zahl von Hierarchieebenen können Geschäftsprozesse mit geringem Formalisierungsgrad und ohne große Umwege ablaufen. Die Kommunikationswege in KMU sind formeller, häufig aber auch informeller Art und somit direkter, kürzer sowie effizienter und laufen vermehrt auf persönlicher Bezugsebene ab.[9]

Aufgrund der Vielfältigkeit der qualitativen Merkmale von KMU werden in dieser Diplomarbeit nur die quantitativen Kriterien für die Definition des Begriffes verwendet. Hierbei wird für die Abgrenzung der KMU von Großunternehmen die oben dargestellte Definition der Europäischen Kommission zu Grunde gelegt.

2.2 Unterschiede zwischen KMU und Großunternehmen

Um die Unterschiede zwischen KMU und Großunternehmen zu veranschaulichen, werden einige prägnante Merkmale herausgegriffen und erläutert. Dabei sind insbesondere Unternehmensführung, Organisation, Forschung und Entwicklung, Ressourcen sowie Medienpräsenz von Bedeutung. Um einen Überblick über diese Aspekte zu bekommen, stellt Tabelle 3 die Merkmale von KMU und Großunternehmen gegenüber.

---

[6] Vgl. Fischer, Hajo, 2002, S. 34.
[7] Vgl. Hermann, Uwe, 2006, S. 260.
[8] Vgl. Fischer, Hajo, 2002, S. 34.
[9] Vgl. Ergenzinger, Rudolf et al., 2006, S. 67.

Tabelle 3: KMU und Großunternehmen im Vergleich

KMUs	Großunternehmen
Unternehmensführung	
• Unternehmensführung ist meist zugleich Unternehmenseigentümer (Selbstständigkeit) • Trägt persönliches Risiko selbst • Interesse liegt in der Langfristigkeit begründet	• Unternehmensführung ist meist nicht Unternehmenseigentümer (Angestellter des Unternehmens) • Kein Risiko, nur Verantwortung für eigene Karriere • Interesse liegt in der Kurzfristigkeit (kurzfristige Gewinnorientierung von Aktionären und Managern)
Organisation	
• Wenige Hierarchieebenen • Kurze, direkte Kommunikation • Schnellere und flexiblere Prozessabläufe • Mitarbeiter übernehmen mehrere Aufgaben und sind wichtige (schwerer ersetzbare) Wissensträger (begrenztes Humankapital) • Informationsbeschaffung informell sowie über persönliche Kontakte	• Mehrere Hierarchieebenen • Kommunikationswege länger und indirekt • Prozessabläufe oft unflexibel und träge • Redundanzen des Humankapitals (mehrere Mitarbeiter besitzen die gleichen Kenntnisse und Fähigkeiten) • Informationsbeschaffung häufig institutionalisiert
Forschung und Entwicklung	
• Innovationen entstehen aus dem Betriebs geschehen heraus • Kurzfristig und bedarfsorientiert angelegte Forschung und Entwicklung • Innovationsrisiken größer	• Oft eigene Foschungs- und Entwicklungsabteilungen • Grundlagen- und anwendungsorientiert, langfristig und systematisch angelegt • Quersubventionen (durch andere Abteilungen möglich) • Innovationsrisiken geringer
Ressourcen	
• Geringere finanzielle Ressourcen • Limitierte Finanzierungsmöglichkeiten	• Im Regelfall größere finanzielle Ressourcen • Bessere Finanzierungsmöglichkeiten durch Zugang zum anonymen Kapitalmarkt
Medienpräsenz	
• Schlechter beobachtbar (Transparenz nicht immer gegeben, Ausnahme: Publizitätspflicht für Geschäftsformen der GmbH & CoKG) • Bekanntheitsgrad oft nur auf lokales Umfeld beschränkt	• Besser beobachtbar durch Publizitätspflicht • Bekanntheitsgrad auch überregional (Marketing sorgt für Medienpräsenz)
Sonstiges	
• Geringere Attraktivität für hochqualifizierte Arbeitnehmer • Große Kundennähe (teilweise durch Nischenpositionierung) und kundenindividuelle Produktion	• Große Attraktivität für hochqualifizierte Arbeitnehmer • Geringere Kundennähe und geringe kundenindividuelle Produktion

Quelle: Eigene Darstellung in Anlehnung an: Ergenzinger, Rudolf et al., 2006, S. 67 f.; Verworn, Birgit et al. 2000, S. 4 f.; Bergmann, Lars et al., 2009, S. 5 ff. und Hilzenbecher, Uwe, 2006, S. 89 f.

Wie in Tabelle 3 ersichtlich, haben KMU einige Nachteile gegenüber Großunternehmen. So sind KMU aufgrund ihrer geringen finanziellen und personellen Ressourcen in ihren wirtschaftlichen Aktivitäten eingeschränkt. Weiterhin beschränkt sich der Bekanntheitsgrad von KMU auf ein bestimmtes regionales Einzugsgebiet. Darüber hinaus sind diese oftmals nur mäßig attraktiv für Hochqualifizierte.

Aber KMU haben auch bedeutende Vorteile gegenüber Großunternehmen. Neben den in Tabelle 3 dargestellten Vorteilen bilden KMU ein Gegengewicht zu global ausgerichteten multinationalen Unternehmen, die mit ihren wirtschaftlichen Verflechtungen und Einflüssen sehr viel Marktmacht aufweisen. Doch decken diese Großunternehmen nicht die gesamte Nachfrage auf dem Markt ab. Die bestehenden Nischen[10] können von KMU bedient werden. Vorteilhaft sind dabei auch ihre Flexibilität und Kundennähe, wodurch schnell auf veränderte Marktanforderungen reagiert werden kann.[11] Diese hier herausgestellten Besonderheiten von KMU sind nicht nur für die Unternehmen selbst von Bedeutung, sondern haben großen Einfluss auf die gesamtwirtschaftliche Situation, die im nächsten Abschnitt hervorgehoben wird.

2.3 Bedeutung für die Wirtschaft

KMU spielen eine wesentliche Rolle für die Volkswirtschaft und werden deshalb in der Literatur oftmals auch als tragende Säule oder Motor der Wirtschaft bezeichnet.[12] Sie leisten einen entscheidenden Beitrag für die Stabilisierung und Entwicklung von Wirtschaftsstandorten und treiben den Strukturwandel einer Volkswirtschaft voran.[13]

Etwa 99,3 % aller Unternehmen in Deutschland sind KMU. Durch ihre Existenz entstehen Arbeits- und Ausbildungsplätze. So waren im Jahr 2008 von den 20,7 Millionen Beschäftigten in Deutschland nahezu 60 % in KMU beschäftigt. Davon waren 18 % der Beschäftigten in Kleinstunternehmen, 22 % in Kleinunternehmen und 19 % in mittleren Unternehmen erwerbstätig.[14] Gemäß des Deutschen Bundestages (14. Wahlperiode) wurden ca. 80 % aller Ausbildungsplätze in Deutschland durch KMU zur Verfügung gestellt. KMU übernehmen damit nicht nur eine wirtschaftliche, sondern

---

[10] „Nischen sind entweder neue Segmente welche für Großunternehmen (noch) zu klein sind oder alte Segmente, welche auch in einer reifen Phase des Marktes die für Großunternehmen nicht interessante Volumina erreichen." Hilzenbecher, Uwe, 2006, S. 92.
[11] Vgl. Deutscher Bundestag, 2002, S. 129.
[12] Vgl. Statistisches Bundesamt Deutschland, 2008, S. 1; Ergenzinger, Rudolf et al., 2009, S. 103; Rodewald, Bernd, 2001, S. 104 und Europäische Kommission, 2006, S. 3.
[13] Vgl. Ergenzinger, Rudolf et al., 2009, S. 103 und Deutscher Bundestag, 2002, S. 130.
[14] Vgl. Statistisches Bundesamt Deutschland, 2008, S. 2.

auch eine soziale Verantwortung in der Gesellschaft.[15] Doch nicht nur Deutschland kann eine solche Bedeutung von KMU für Arbeitsplätze aufweisen: rund 60 – 70 % aller Beschäftigten in den Mitgliedsländern der Organisation for Economic Co-operation and Development (OECD) sind in KMU angestellt.[16]

KMU erlangen als Arbeitgeber einen immer größeren Einfluss. Dies zeigt eine empirische Untersuchung der Europäischen Kommission, in der festgestellt wurde, dass das durchschnittliche jährliche Wachstum der Mitarbeiterzahl in KMU von 1988 bis 2001 0,3 % betrug. Während dessen hat sich die Beschäftigung in Großunternehmen jährlich um durchschnittlich 0,1 % verringert. Diese Daten stellen klar heraus, dass Großunternehmen dazu tendieren, die Anzahl der Beschäftigten zu reduzieren, während die Beschäftigung in KMU steigt.[17] Grund dafür ist u.a. der immer größer werdende Outsourcing-Bedarf [18] von Großunternehmen, um sich auf Kernkompetenzen zu beschränken und ihre (auch internationale) Wettbewerbsfähigkeit zu steigern.

Eine weitere Bedeutung der KMU für die Wirtschaft ist der Ausbau der Infrastruktur einer Region als Betriebsstättenstandort für KMU. Durch die Schaffung einer modernen und bedarfsgerechten Infrastruktur können die Anforderungen der Unternehmungen an den Wirtschaftsstandort (bspw. Anfahrwege oder Telekommunikationsanschlüsse) gedeckt werden. Dies wird auch dadurch möglich, dass KMU in ihren Ansiedlungsgebieten kommunale Abgaben (bspw. Gewerbe- oder Grundsteuer) tätigen müssen, wodurch wiederum Investitionsmöglichkeiten für Bildung und Infrastruktur in der entsprechenden Region entstehen. All diese Beiträge werden dort geleistet, wo sich KMU ansiedeln. Je attraktiver ein Wirtschaftsstandort für KMU ist, desto größer ist der Mehrwert für die Region. Deshalb ist es auch für ländliche Regionen und deren Entwicklung wichtig, dass sich KMU in diesen Bereichen ansiedeln. Primär durch die zahlreiche Existenz von KMU entstehen großflächig Arbeitsplätze und Wirtschaftsstandorte.

Die große wirtschaftliche Bedeutung von KMU wurde auch von der Europäischen Kommission erkannt, welche diese Art von Unternehmen mit diversen Maßnahmen fördert, um wirtschaftliches Wachstum voranzutreiben.[19] Der Anteil am europäischen

---

[15] Definition von KMU hier aber auf weniger als 500 Beschäftigte bezogen. Vgl. Deutscher Bundestag, 2002, S. 129.
[16] Vgl. Organisation For Economic Co-Operation and Development – OECD, 2009, S. 1.
[17] Vgl. European Commission, 2002, S. 28.
[18] Vgl. Organisation For Economic Co-Operation and Development – OECD, 2009, S. 2.
[19] Vgl. Europäische Kommission, 2006, S. 5.

BIP liegt laut Europäischer Kommission bei mehr als zwei Drittel und zeigt somit deren großen wirtschaftlichen Einfluss.[20]

Für die Entwicklung der internationalen Wettbewerbsfähigkeit spielen KMU eine bedeutende Rolle für Deutschland. Mit ihrer Kreativität und unternehmerischen Fähigkeiten bringen sie neue Ideen sowie innovative Produkte und Verfahren hervor und wahren somit auch die Chance auf wirtschaftliches Wachstum. Laut der Bundesregierung Deutschland bringen jedes Jahr mehr als 100.000 Unternehmen[21] technologische Neuheiten oder innovative Produkte auf den Markt.

Trotz der hohen gesamtwirtschaftlichen Bedeutung von KMU ist deren Bedeutung in verschiedenen Wirtschaftsbereichen sehr unterschiedlich ausgeprägt. So waren in Deutschland 2005 ca. 90 % aller Erwerbstätigen des Bereiches Bau- und Gastgewerbe bei KMU beschäftigt. Weiterhin wurde mehr als 80 % des gesamtdeutschen Umsatzes des Bau- und Gastgewerbes von KMU erwirtschaftet.

Im Bereich der Energie- und Wasserversorgung waren KMU weitaus weniger bedeutsam für die Wirtschaft als es Großunternehmen waren, wobei hier der Anteil nur bei etwa 10 % des Umsatzes und 20 % der Beschäftigung ausmachten.[22]

2.4 Wirtschaftsbereich Herstellung und Vertrieb – ein Beispielunternehmen

Wie bereits in der Einleitung erwähnt, zählen Unternehmen im Bereich Herstellung und Vertrieb zum produzierenden Gewerbe. Darunter fallen der Bergbau, die Gewinnung von Steinen und Erden, das verarbeitende Gewerbe, die Energie- und Wasserversorgung sowie das Baugewerbe. Es handelt sich somit um Unternehmen des sekundären Sektors einer Volkswirtschaft.

In Deutschland hatten KMU 2005 in diesem Wirtschaftsbereich einen Anteil von 98,7 % und mit 52,3 % waren mehr als die Hälfte der Beschäftigten bei KMU angestellt. Der Umsatzanteil lag bei 25,6 % und die Bruttowertschöpfung zu Faktorkosten[23] betrug

---

[20] Vgl. European Commission, 2009.
[21] Diese Zahl bezieht sich nur auf mittelständische Unternehmen in Deutschland. Vgl. Bundesregierung Deutschland, 2006.
[22] Vgl. Statistisches Bundesamt Deutschland, 2008, S. 4.
[23] Bruttowertschöpfung zu Faktorkosten ergibt sich aus dem Nettoproduktionswert minus sonstige Vorleistungen (= Bruttowertschöpfung) minus sonstige indirekte Steuern abzüglich Subventionen. Vgl.: Statistisches Bundesamt 2007, S. 3 ff.

37,0 %.[24]

Um Unternehmen im Bereich Herstellung und Vertrieb einen greifbaren Leitfaden für einen gelungenen und zweckmäßigen Webauftritt zu bieten, werden die theoretisch dargestellten Aspekte dieser Diplomarbeit anhand eines fiktiven Beispielunternehmens unterstrichen.

Beispielunternehmen – LMS GmbH

Die LMS GmbH ist ein Hersteller von Anschlagmitteln (Ketten, Seile, etc.) und Ladungssicherungen mit Sitz in Brandenburg. Es handelt sich um ein rechtlich und wirtschaftlich selbstständiges Familienunternehmen. Seit dem Gründungsjahr 1993 konnte sich die LMS GmbH sehr erfolgreich auf dem Markt etablieren. In den vergangenen Jahren hat allerdings die Zahl der (auch ausländischen) Konkurrenten spürbar zugenommen, was sich durch einen stetig sinkenden Umsatz und Gewinn bemerkbar macht. Infolge dessen wurde die Belegschaft auf nunmehr 19 Mitarbeiter verringert. Sämtliche Angestellten sind voll ausgelastet. Aufgrund der wirtschaftlichen Lage sollen vorerst keine zusätzlichen Mitarbeiter eingestellt werden. Zu den Kunden zählen überwiegend Unternehmen aus den umliegenden Regionen innerhalb Deutschlands, die über den persönlichen Kontakt oder gezielte Werbemaßnahmen gewonnen wurden. Dabei spielte der Webauftritt bisher nur insofern eine Rolle, als dass er eine Art Visitenkarte war, um im Internet präsent zu sein. Auf diese Weise wurden jedoch die Potentiale, die eine Website zu bieten hat, nicht genutzt.

Mit diesen Merkmalen zählt das Unternehmen zu den Kleinunternehmen, die oftmals nur provisorische Websites haben und somit verbesserungsbedürftig sind.

Im Folgenden wird verdeutlicht, welche notwendigen Schritte und Vorkehrungen getroffen werden müssen, um KMU zu einem erfolgreichen Webauftritt zu verhelfen.

---

[24] Vgl. Statistisches Bundesamt Deutschland, 2009.

3 Planung eines Webauftritts

Bei der Planung eines Webauftritts ist es essentiell, die Erwartungen an die Website zu kennen. Dabei spielen sowohl der Informationsbedarf und die Erwartungen der Website-Benutzer -also bereits bestehender oder potentieller Kunden sowie Geschäftspartner- als auch die Vorstellungen und Anforderungen des Unternehmens selbst, welches sich im Internet präsentiert, eine entscheidende Rolle. Daneben werden in diesem Kapitel mögliche Zugangswege zur Website eines Unternehmens durch Kunden oder Geschäftspartner verdeutlicht. Dabei werden Webkataloge und Suchmaschinen erläutert und deren Funktionsweise überblickartig erklärt.

Für die Planung eines Webauftritts ist es weiterhin wichtig, sich über die Inhalte der Website sowie entstehende Kosten im Klaren zu sein.

3.1 Informationsbedarf und Erwartungen der Website-Benutzer

Der Informationsbedarf von Internetnutzern und deren Erwartungen an die Website eines Unternehmens sind sehr verschieden. Der Grund hierfür sind die unterschiedlichen Absichten, die Anwender veranlassen, eine bestimmte Seite im Internet aufzurufen. Es kann aber dennoch festgestellt werden, dass es einige allgemeingültige Ansprüche an Websites gibt.[25]

So verwenden 47 % der Nutzer mindestens einmal pro Woche das Internet, um gezielt nach bestimmten Angeboten zu recherchieren.[26] Dabei möchten sie umfassend über Produkte und deren Preise, Trends und Neuheiten informiert sowie mit Hintergrundinformationen versorgt werden, um auf dieser Basis eine Entscheidung über den Erwerb eines Produktes treffen zu können.[27] Aufgrund des immer größer werdenden Produktangebots auf dem Markt ist es für Kunden zunehmend schwieriger, die auf ihre individuellen Anforderungen abgestimmte Produktauswahl selbstständig zu treffen. Deshalb schätzen Kunden fachliche Beratung und erwarten, dass das anbietende Unternehmen ihre Ansprüche kennt und auf diese auf der Website eingeht.[28]

In einigen Fällen ist der direkte Informationsaustausch mit einem Mitarbeiter des anbietenden Unternehmens notwendig. Aus diesem Grund wünschen Kunden, dass die Angaben zu den verschiedenen Kommunikationskanälen (wie z.B. Telefon, Fax, E-Mail-Adressen oder Instant Messaging Systemen wie ICQ, Skype usw.) einfach auf der Website gefunden werden können und diese flexibel sind.

---

[25] Vgl. Förster, Anja et al., 2002, S. 113.
[26] Vgl. Eimeren van, Birgit et al., 2009, S. 340.
[27] Vgl. Schwarz, Torsten, 2000, S. 193.
[28] Vgl. Meyer, Matthias, 2002, S. 9.

Abbildung 1: Erwartungen von Benutzern an Websites

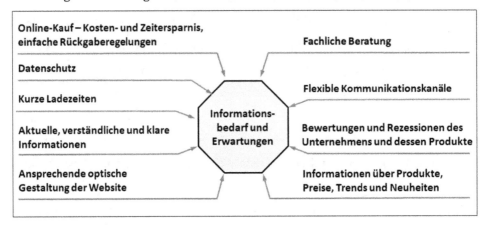

Quelle: Eigene Darstellung.

Wie bei der Interaktion im Geschäft erwarten Kunden sofort eine Antwort auf ihre individuellen Fragen. Sie wollen nicht lange auf die Beantwortung von E-Mails warten oder bei der telefonischen Kontaktaufnahme Zeit in Warteschleifen verbringen.[29]

Wie in Abbildung 1 dargestellt, haben Website-Benutzer neben den individuellen Erwartungen hinsichtlich des Produktes und der Beratung auch das Ziel, schnell den Zweck ihres Website-Besuches erreichen zu können.[30] Deshalb werden kurze Ladezeiten, aktuelle und gut verständliche Informationen auf der Website sowie eine ansprechende optische Gestaltung erwartet. Dazu gehören bspw. ein übersichtlicher und strukturierter Seitenaufbau, eine verständliche Navigation sowie ansprechende und im Einklang stehende Farbabstimmungen der verwendeten Multimedia-Elemente. Vom Design der Website ziehen Internetbenutzer Rückschlüsse auf die Kompetenzen und die Zuverlässigkeit eines Unternehmens sowie auf die Qualität der angebotenen Produkte.[31]

Ferner ist es essentiell, ausschließlich funktionierende Links auf der Website einzubinden sowie sicherzustellen, dass Angebote, Ereignisse, Termine oder Stellenausschreibungen immer auf dem aktuellsten Stand sind.[32] Websites müssen gut funktionieren und Informationen bedürfen einer hohen Qualität. Andernfalls ist die Verweildauer der Benutzer auf der Seite nur sehr kurz und sie haben kein Interesse, diese zukünftig erneut aufzurufen.

Häufig informieren sich potentielle Kunden im Internet, kaufen aber dann das ausgewählte Produkt im Geschäft vor Ort. Hierfür benötigen sie Angaben zu

---

[29] Vgl. Stumpf, Christina, 2009 und Förster, Anja et al., 2002, S. 113.
[30] Vgl. Otim, Samuel et al., 2006, S. 535.
[31] Vgl. Förster, Anja et al., 2002, S. 113 und Otim, Samuel et al., 2006, S. 528.
[32] Vgl. Bundesministerium für Wirtschaft und Technologie, 2006, S. 2.

Öffnungszeiten, die Adresse sowie eine ausführliche Anfahrtsbeschreibung mit diversen Verkehrsmitteln und Hinweise auf Parkmöglichkeiten.[33]

Die Aktualität der auf der Website dargestellten Informationen sollte aber auch den Lagerbestand widerspiegeln. So wäre es ungünstig, wenn sich ein Kunde für den Kauf einer Ware entscheidet, die jedoch nicht wie angegeben vorrätig oder umgehend lieferbar ist.[34]

Bei der Suche nach einem Anbieter für ein bestimmtes Produkt legen potentielle Kunden großen Wert auf einen hohen Bekanntheitsgrad und Seriosität des Unternehmens.[35] Bewertungen und Rezessionen in Blogs, Social Media Plattformen und Online-Shops liefern ihnen dazu entscheidende Informationen.[36] Aber auch die auf der Website des Händlers angegebenen allgemeinen Geschäftsbedingungen spielen eine Rolle bei der Auswahl eines Anbieters. Nur bei vorliegender Attraktivität entscheiden sich Kunden für den entsprechenden Anbieter.

Das Interesse des Kunden beim Online-Kauf ist es, gegenüber dem traditionellen Einkauf im Geschäft vor Ort einen Mehrwert zu erhalten. So erwartet der Kunde günstigere Preise für Produkte sowie Zeit- und Kosteneinsparungen durch eine bequeme und unkomplizierte Abwicklung des Bestellvorgangs.[37] Dies setzt voraus, dass Bestellungen rund um die Uhr möglich sind und keine hohen Lieferkosten zum Rechnungsbetrag hinzukommen.[38] Ebenso ist es wichtig, dass bereits vor dem Abschluss des Kaufvorgangs alle Kosten transparent ausgewiesen werden und keine versteckten Kosten entstehen.[39] Weiterhin brauchen Kunden die Gewissheit, bestellte Waren bei Nichtgefallen einfach und ohne zusätzliche Kosten zurückgeben zu können.[40]

Bei der Abwicklung des Zahlungsverkehrs hat Sicherheit für Kunden einen besonders hohen Stellenwert. Sie setzen voraus, dass ihnen mehrere Zahlungsarten (z.B. Bankeinzug, Kreditkarte, Nachnahme) angeboten werden, um eine für sie passende auswählen zu können.[41]

Im Anschluss an einen Bestellvorgang wünschen Kunden eine entsprechende Bestätigung per E-Mail, sowie die Waren so schnell wie möglich und auf zuverlässigem

---

[33] Vgl. Schwarz, Torsten, 2000, S. 194.
[34] Vgl. Stolpmann, Markus, 2001, S. 57.
[35] Vgl. Eimeren van, Birgit et al., 2009, S. 340.
[36] Vgl. BVDW, 2009.
[37] Vgl. Heinemann, Gerrit, 2009, S. 38f.
[38] Vgl. Fischer, Hajo, 2002, S. 38.
[39] Vgl. Otim, Samuel et al., 2006, S. 535.
[40] Vgl. Förster, Anja et al., 2002, S. 136.
[41] Vgl. Heinemann, Gerrit, 2009, S. 40.

Wege zu erhalten.[42] Diesbezüglich erwarten Kunden die Möglichkeit bestellte Waren nachverfolgen zu können und über den Verbleib in Kenntnis gesetzt zu werden. Aufgrund der Tatsache, dass Kunden das Produkt nach dem Online-Kauf nicht physisch erhalten und keinen sofortigen Gegenwert für ihre Zahlung bekommen, verringert eine Online-Auftragsverfolgung die Ungewissheit über den Verbleib der Ware. Demzufolge ist es notwendig, den Bearbeitungsstatus der Bestellung online einsehen zu können. Somit erhält der Kunde ein Gefühl der Kontrolle und Sicherheit über die Bestellung seiner Ware.[43]

Zudem erwarten Kunden den vertraulichen Umgang mit den von ihnen angegebenen persönlichen Daten. Dazu zählt, dass diese nicht an Dritte weitergegeben werden und nicht für unerwünschte Zusendung von Werbematerialien verwendet werden.[44]

Neben den Erwartungen der Website-Benutzer an einen Internetauftritt haben KMU individuelle Ziele, die sie mit einer Website verfolgen.

3.2 Ziele eines Webauftritts für Unternehmen

Ein eigener Webauftritt gilt als Ergänzung für die geschäftlichen Aktivitäten[45] und ist für KMU heutzutage zwingend notwendig. Der Internetauftritt ermöglicht es dem Unternehmen, sich selbst sowie die unternehmensspezifischen Arbeitsweisen den (potentiellen) Kunden und Geschäftspartnern vorzustellen[46] und so den Bekanntheitsgrad zu steigern. Auf diesem Weg können Informationen über Produkte und Dienstleistungen bereitgestellt und die Kompetenzen des Unternehmens hervorgehoben werden.[47] Durch die Möglichkeit, die Presse und somit die Öffentlichkeit mit wichtigen Informationen über das Unternehmen und dessen Umfeld zu versorgen, ist der Internetauftritt für KMU gleichzeitig auch ein sehr geeignetes Public Relations (PR)-Instrument.[48]

Weiterhin kann ein Webauftritt als Marketinginstrument eingesetzt werden, um das Unternehmen stärker auf den Kunden auszurichten und gezielte Werbemaßnahmen durchzuführen. Dadurch können neue Kunden akquiriert werden und der Kundenstamm wird ohne großen finanziellen Aufwand erweitert.[49] Der Verkauf von Produkten kann

---

[42] Vgl. Fischer, Hajo, 2002, S. 38.
[43] Vgl. Qureshi, Israr et al., 2009, S. 207 und Otim, Samuel et al., 2006, S. 535.
[44] Vgl. Förster, Anja et al., 2002, S. 138.
[45] Vgl. Bundesministerium für Wirtschaft und Technologie, 2006, S. 1.
[46] Vgl. Netzwerk Elektronischer Geschäftsverkehr, 2009.
[47] Vgl. Portmann, Christoph, 2009, S. 20.
[48] Vgl. Heyn, Volker, 2000, S. 149.
[49] Vgl. Tetteh, Emmanuel et al., 2001, S. 171.

daraufhin traditionell offline stattfinden oder aber auch direkt online erfolgen. Der Direktverkauf über das Internet und somit die Nutzung des Webauftritts als zusätzlichen Vertriebskanal bringt produzierenden KMU einen zusätzlichen wirtschaftlichen Nutzen, da auf diese Weise Zwischenhändler und somit Kostenfaktoren zum Teil umgangen werden können, was sich positiv auf Umsatz und Gewinn auswirken kann. Durch die Verringerung von Infrastrukturproblemen und somit einer Abschwächung von Wettbewerbsnachteilen können besonders die Unternehmen profitieren, die in peripheren Regionen tätig sind.[50]

Wie in Kapitel 1 dargestellt, ist das wirtschaftliche Handlungsumfeld von KMU häufig auf den lokalen Bereich begrenzt. Der Wettbewerbsdruck in diesem regional begrenzten Gebiet steigt, falls zusätzliche lokale Wettbewerber, Großunternehmen sowie internationale Anbieter in den Markt eintreten.[51] Diesem Druck kann mithilfe eines Webauftritts standgehalten werden, da dieser dem Unternehmen die Chance bietet, über den regionalen Markt hinaus auch potentielle Kunden auf nationaler und internationaler Ebene anzusprechen.

Darüber hinaus unterstützt der Webauftritt die E-Business-Aktivitäten eines Unternehmens. Der Internetauftritt schafft die Basis für die Beschleunigung und Vereinfachung von sowohl internen als auch externen Geschäftsprozessen. So können bspw. Bestellvorgänge automatisiert und Kostensenkung durch Zeiteinsparungen für das Unternehmen erreicht werden.

Kosteneinsparungen können auch an anderen Stellen erzielt werden: durch die Präsentation von Produkten und Dienstleistungen im Internet fallen weniger Kosten für gedruckte Kataloge und deren Versand an.[52] Auch die Veröffentlichung von ausführlichen Produktinformationen auf der Website und die Beantwortung häufig gestellter Fragen kann zu einer Entlastung der Mitarbeiter des Unternehmens führen, weil viele potentielle Kunden die Antwort auf ihre Fragen bereits auf der Website gefunden haben und sich nicht erst telefonisch oder auf sonstigen Wegen diese Informationen einholen müssen.

Folglich erhalten KMU durch die Senkung der operativen Kosten mithilfe eines Webauftritts die Möglichkeit, die Leistungs- und somit auch die Wettbewerbsfähigkeit zu steigern.

Neben der Kundengewinnung werden der Aufbau und die Pflege von langfristigen

---

[50] Vgl. Gilmore, Audrey et al., 2007, S. 235.
[51] Vgl. ebd., S. 237.
[52] Vgl. Stolpmann, Markus., 2001, S. 91.

Kundenbeziehungen immer wichtiger für den wirtschaftlichen Erfolg von Unternehmen.[53] So ist es weitaus einfacher, einen zufriedenen Kunden nochmals zum Erwerb eines Produktes zu motivieren, als einen Neukunden zu gewinnen.[54] Aus diesem Grund ist es von besonderer Bedeutung, bereits gewonnene Kunden an das Unternehmen zu binden, damit diese möglichst regelmäßig durch den Erwerb von Produkten Umsatz generieren. Es ist also von großem Interesse des Unternehmens, die Kundenloyalität zu stärken, um dadurch einen größeren Erfolg zu erzielen.[55] Dieses Ziel kann besonders durch eine Betreuung der Kunden nach dem Online-Kauf erreicht werden. Dazu gehören vor allem die Bereitstellung von Informationen über Problembehebung, Upgrades sowie Wartungsarbeiten oder Produktpflege. Laut Otim et al. sind Kundenbetreuung und Nachbetreuung wichtiger für die Kundenloyalität als andere Komponenten, die die Produktsuche und Evaluation (z.B. Website-Design und Suchmechanismen) unterstützen.[56]

Weiterhin bietet der Webauftritt eine gute Möglichkeit zur Unterstützung des Customer Relationship Managements. Durch die webbasierte Bereitstellung von individuellen und aktuellen Informationen sowie eine verbesserte Kommunikation zwischen Kunde und Unternehmen wird erreicht, dass Kunden den individuellen Service erkennen, sich daraufhin stärker mit dem Unternehmen identifizieren und in der Folge an das Unternehmen binden.

Darüber hinaus kann der Webauftritt für die Integration von (potentiellen) Kunden in den Innovationsprozess eines Unternehmens genutzt werden. Durch die Bereitstellung einer Plattform mit entsprechenden interaktiven Anwendungen, können soziale Netzwerke und Communities aufgebaut werden. Somit wird die Möglichkeit für motivierte Anwender geschaffen, ihre Kreativität und Kompetenzen bei der Erarbeitung innovativer Produkte und Verbesserungsvorschläge einzubringen.[57] Unternehmen können auf diese Weise durch die Mitteilung von Erfahrungen und neuer Ideen zusätzlich kostengünstig wichtige Informationen über die Bedürfnisse und Probleme ihrer Kunden erhalten.[58] Mit den gesammelten Informationen wird eine verstärkte marktorientierte Entwicklung und Herstellung von Produkten ermöglicht, die sich in der Folge besser verkaufen lassen.[59]

---

[53] Vgl. Bauer, Hans H. et al., 1998, S. 119.
[54] Vgl. Qureshi, Israr et al., 2009, S. 205 und Stolpmann, Markus, 2001, S. 241.
[55] Vgl. Otim, Samuel et al., 2006, S. 527.
[56] Vgl. ebd., S. 535ff.
[57] Vgl. Jahnke, Isa et al., 2008, S. 132.
[58] Vgl. Kausch, Christoph, 2007, S. 50.
[59] Vgl. ebd., S. 49.

Die Nutzung des Webauftritts als Plattform für das Beschwerdemanagement trägt ebenfalls zur Kundenbindung bei. Denn Kunden eines Unternehmens, welches kein webbasiertes Beschwerdemanagement bereitstellt, ist der zeitliche Aufwand einer Beschwerde auf dem traditionellen Weg oftmals zu hoch und würden den bestehenden Unmut dem Unternehmen gegenüber nicht kundtun. Stattdessen wenden sich diese Kunden einem anderen Anbieter zu und äußern ihre Unzufriedenheit gegenüber Kollegen, Freunden oder Bekannten.[60] Das Unternehmen merkt unter diesen Umständen nicht, dass es Kunden verliert.[61] Hingegen kann der Webauftritt genutzt werden, um Kunden einen zusätzlichen Beschwerdekanal anzubieten, über den Unmut auf einfache und bequeme Weise geäußert werden kann. Durch dieses Verfahren wird eine größere Kundenzufriedenheit erreicht, einer möglichen Abwanderung des Kunden entgegengewirkt sowie einem drohenden Imageverlust vorgebeugt.

Ferner können sich KMU mit einer effizienten Präsenz im Internet ein professionelles Image aufbauen und somit die Glaubwürdigkeit des Unternehmens steigern.[62] In Deutschland stehen KMU vor dem Problem, nicht genügend qualifizierte Arbeitskräfte anwerben zu können[63], da Großunternehmen durch ihren Bekanntheitsgrad attraktiver für Bewerber sind (siehe Abschnitt 2.2). Da hochqualifizierte Arbeitnehmer jedoch ein entscheidender Faktor für die wirtschaftliche Zukunft von Unternehmen sind, kann ein gutes Image einen entscheidenden Beitrag zur Steigerung der Attraktivität des Unternehmens als Arbeitgeber leisten.

Die dargestellten Ziele, die ein Unternehmen mit dem Webauftritt verfolgen kann und somit auch zu erreichende Vorteile, sind in Abbildung 2 zusammengefasst.

Abbildung 2: Erwartungen von Unternehmen an einen Webauftritt

Quelle: Eigene Darstellung.

---

[60] Vgl. Stauss, Bernd et al., 2007, S. 113.
[61] Vgl. ebd., S. 22.
[62] Vgl. Gilmore, Audrey et al., 2007, S. 236.
[63] Vgl. Deutscher Bundestag, 2002, S. 130.

Beispielunternehmen – LMS GmbH

Konkrete Ziele, welche die LMS GmbH an den neuen Webauftritt hat, lassen sich aus der wirtschaftlichen Situation des Unternehmens ableiten. So soll die Website einerseits dazu genutzt werden, um das Einzugsgebiet des Unternehmens zu erweitern und die hergestellten Produkte auch überregional online verkaufen zu können. Auf diese Weise kann zusätzlich Umsatz generiert werden. Andererseits sollen die Service-Mitarbeiter der LMS GmbH entlastet werden, die stets gleiche Fragen ihrer Kunden und Interessenten zum Produktangebot und Preisen per E-Mail und Telefon beantworten.

3.3 Zugangswege zur Website

Im Jahr 2006 gab es bereits 120 Mio. Websites weltweit.[64] Bis Ende September 2009 ist allein die Anzahl der 10 größten Top Level Domains[65] auf über 145 Mio. angestiegen. Dabei liegt der Anteil der in Deutschland registrierten Domänen bei ca. 13 Mio.[66] Durch diesen immer noch sehr starken Anstieg des Informationsangebots im Web ist es von besonderer Bedeutung, dass bestehende Kunden und potentielle Neukunden sowie Geschäftspartner den Weg auf die Website eines Unternehmens überhaupt finden.

Am einfachsten geht das, wenn die Webadresse des Unternehmens bekannt ist und in den Webbrowser direkt eingegeben werden kann. Eine Umfrage des Bundesverbandes Digitale Wirtschaft hat ergeben, dass ein Drittel der Befragten diesen Weg gehen oder die Website über ein Lesezeichen aufrufen, das sie zuvor einmal gespeichert hatten.[67] Die Webadresse sollte daher auf allen Geschäftsbriefen, E-Mails, Visitenkarten etc. abgedruckt sein, um diese Möglichkeiten der Bekanntgabe der Webadresse zu nutzen.

Falls die Internetadresse nicht bekannt ist, kann der Kunde auf verschiedene im Internet verfügbare Suchhilfen zurückgreifen, die ihm die Suche nach relevanten Informationen ermöglichen. Diese unterscheiden sich zum einen bezüglich Aufbau, Verwaltung und Aktualisierung ihres Datenbestandes. Zum anderen bieten sie eine unterschiedliche Herangehensweise für das Auffinden von Informationen und liefern Suchergebnisse in unterschiedlicher Qualität und Menge. Mit Webkatalogen und Suchmaschinen gibt es zwei verschiedene Grundtypen dieser Suchhilfen.[68] Im Folgenden sollen diese kurz dargestellt werden.

---

[64] Vgl. VeriSign, 2007, S. 2.
[65] „Jeder Domainname ist einer Top Level Domain (TLD) zugewiesen und von dieser durch einen Punkt getrennt. Es gibt allgemeine (com, net, org) und länderspezifische (de, fr, es) Top Level Domains." Alby, Tom et al., 2007, S. 235.
[66] Vgl. DENIC, 2009.
[67] Vgl. BVDW, 2009.
[68] Vgl. Erlhofer, Sebastian, 2005, S. 13 und Künnemann, Sabine, 2004, S. 79.

18

3.3.1 Webkataloge

Webkataloge sind Verzeichnisse, die aus einer Menge fest hinterlegter Webseiten bestehen. Neben dem Beschreibungstext wird für jede Seite eine Uniform Resource Locator (URL) gespeichert, über die die Seite aufgerufen werden kann. Die Inhalte von Webkatalogen werden thematisch sortiert und hierarchisch aufgebaut. Somit erhalten Benutzer bei ihrer Recherche die Möglichkeit, vom Allgemeinen über immer detailliertere Ebenen zu einer gewünschten Webseite zu gelangen.[69] Die Suche nach Informationen in einem Webkatalog eignet sich besonders dann, wenn Benutzer den exakten Suchbegriff oder Sachverhalt für ihre Recherche nicht kennen.[70]

Die Website eines Unternehmens kann in einem Webkatalog nur gefunden werden, wenn zuvor ein entsprechender Link angemeldet wurde. Das Unternehmen kann dazu einen Vorschlag unterbreiten, in welcher Rubrik und mit welchem Titel sowie Beschreibungstext dieser Link eingeordnet werden soll. Diese sollten so gewählt werden, dass sie aussagekräftig sind und Informationen enthalten, die Katalogbenutzer veranlassen, die Seite zu besuchen. Zudem sollten nur Websites angemeldet werden, die fertig gestellt sind und gut funktionieren, da es oftmals keine zweite Möglichkeit gibt, die Website bei einem Webkatalog einzutragen. Für die Anmeldung sind keine technischen Fähigkeiten notwendig. Der Eintrag in die Webkataloge wird von Redakteuren vorgenommen: sie begutachten die vorgeschlagene Website und entscheiden darüber, ob diese überhaupt in den Katalog aufgenommen und unter welcher Rubrik ein Link auf die Webseite des Unternehmens erscheinen soll. Auf diese Weise kann eine sehr hohe Qualität und Relevanz der unter einer Rubrik aufgelisteten Webseiten gewährleistet werden.[71]

In Deutschland zählen das Open Directory Project (ODP), Yahoo! und Web.de zu den bekanntesten Anbietern von Webkatalogen. In diesen sollte die Website eines Unternehmens eingetragen sein. Allerdings ist dabei zu berücksichtigen, dass einige Anbieter für einen Eintrag teilweise recht hohe Gebühren verlangen. Während der Eintrag im ODP kostenlos ist, kostet bspw. der Basis-Eintrag bei Web.de mehrere hundert Euro pro Jahr.

Durch den Eintrag in einem bekannten Webkatalog erhält die Unternehmens-Website zusätzlich wertvolle Backlinks, die eine entscheidende Rolle für eine bessere Platzierung in den Ergebnislisten von Suchmaschinen spielen, was auch im Folgenden

---

[69] Vgl. Koch, Daniel, 2007, S. 23 und Erlhofer, Sebastian, 2005, S. 15.
[70] Vgl. Stolpmann, Markus., 2001, S. 149.
[71] Vgl. Erlhofer, Sebastian, 2005, S. 15ff.

verdeutlicht wird.[72]

3.3.2 Suchmaschinen

Suchmaschinen werden von Anwendern verwendet, wenn diese eine genaue Vorstellung von dem haben, was sie suchen möchten.[73] Die ARD/ZDF-Online-Studie 2009 hat ergeben, dass 82% der Online-Anwender mindestens einmal pro Woche die Dienste einer Suchmaschine in Anspruch nehmen.[74] Mehr als ein Drittel der Anwender tun dies, um gezielt nach Produkten zu suchen.[75]

Im Gegensatz zu Webkatalogen wird der Datenbestand von Suchmaschinen automatisch durch Programme aufgebaut und gepflegt. Dazu werden sogenannte Robots (oder auch Spider oder Crawler genannt) eingesetzt. Sie durchsuchen das World Wide Web (WWW) und gelangen über Seitenverlinkungen von einer Webseite zur nächsten. Zu jeder gefundenen Seite werden Informationen gespeichert, die bei späteren Suchanfragen die Auflistung von relevanten Websites ermöglichen.[76]

Ist die Website des Unternehmens neu und noch nicht von einer Seite verlinkt, die den Suchmaschinen bereits bekannt ist, muss sie manuell bei den Suchmaschinen eingetragen werden.[77] Nur so kann die Website von Robots gefunden, gespeichert und bei entsprechenden Suchanfragen in der Ergebnisliste angezeigt werden.

Das Ziel für ein Unternehmen ist es, dass möglichst viele potentielle Kunden den Weg über eine Suchmaschine zur eigenen Website finden. Dafür ist ein möglichst hochrangiger Eintrag in der Ergebnisliste der Suchmaschinen notwendig. Um dies zu erreichen, müssen Webseiten für Suchmaschinen optimiert werden, damit diese bei Anfragen mit bestimmten Suchbegriffen von Suchmaschinen als besonders relevant eingestuft werden.

Für die Berechnung der Relevanz einer Webseite und somit die Sortierung der Suchergebnisse wenden verschiedene Suchmaschinen unterschiedliche Regeln an.[78] Suchmaschinenbetreiber halten die angewandten Sortierkriterien geheim, sodass die in der Literatur angegebenen Regeln größtenteils lediglich auf Beobachtungen und Versuchen basieren, die Position in Ergebnislisten durch bestimmte Änderungen an einer Webseite zu verändern.[79] Als besonders wichtig für die Einstufung gelten bspw.

---

[72] Vgl. Erlhofer, Sebastian, 2005, S. 13ff.; Koch, Daniel, 2007, S. 23 und Alby, Tom et al., 2007, S. 42ff.
[73] Vgl. Künnemann, Sabine, 2004, S. 80.
[74] Vgl. Eimeren van, Birgit et al., 2009, S. 340.
[75] Vgl. BVDW, 2009.
[76] Vgl. Künnemann, Sabine, 2004, S. 79.
[77] Vgl. Winkler, Jan, 2008, S. 261.
[78] Vgl. Pawlowitz, Nina et al., 2003, S. 61.
[79] Vgl. Winkler, Jan, 2008, S. 209-210.

das Vorkommen der Suchbegriffe in der URL, dem Seitentitel und in den Überschriften. Weiterhin ist das Verhältnis der Suchbegriffe im Text relevant. So ist es für die Platzierung in der Ergebnisliste von Vorteil, wenn der Suchbegriff verhältnismäßig oft im Text der Webseite vorkommt.[80]

Der Suchmaschine Google sollte eine besondere Beachtung geschenkt werden, da diese im dritten Quartal des Jahres 2009 zu 87 % von den Internetbenutzern für Suchanfragen verwendet wurde und somit den größten Marktanteil der Suchmaschinen in Deutschland hat.[81]

Google berücksichtigt als zusätzliches wichtiges Kriterium für die Sortierung der Suchergebnisse den PageRank.[82] Dieser ist eine Bewertungsnummer, die Google jeder einzelnen Webseite im WWW zuteilt. Für deren Berechnung wird nicht der Inhalt der Webseite berücksichtigt, sondern lediglich die Anzahl und die Gewichtung von Backlinks. Hierbei handelt es sich um Links, die von einer fremden Webseite auf eine bestimmte Webseite des Webauftritts des Unternehmens verweisen. Die Gewichtung der Backlinks ist umso größer, je höher der PageRank der verlinkenden Webseite ist.[83] Es werden also tendenziell Webseiten mit einem höheren PageRank eine bessere Position in der Ergebnisliste von Google erreichen. Neben der inhaltlichen Relevanz der Webseite wird somit auch die Wichtigkeit bezüglich Verlinkungen von anderen Webseiten bei der Sortierung der Ergebnisse herangezogen.

3.4 Website-Inhalte

Wie in den vorangegangenen Abschnitten dargestellt wurde, gibt es zahlreiche Anforderungen, die Internetbenutzer an Websites stellen. Dem gegenüber stehen die verschiedenen Ziele, die von Unternehmen verfolgt werden. In diesem Abschnitt wird aufgezeigt, worauf bei der Planung der Website-Inhalte sowie den angebotenen Features[84] geachtet werden sollte.

Im ersten Schritt müssen Unternehmen ihre individuellen Ziele konkret festlegen, die mit der Website erreicht werden sollen.[85] Dies könnte bspw. die Darstellung des Unternehmens sowie deren Produkte und Dienstleistungen, der Support des Vertriebs oder die Generierung eines professionellen Images etc. sein (siehe Abschnitt 3.2). Die

---

[80] Vgl. Winkler, Jan, 2008, S. 210 und Pawlowitz, Nina et al., 2003, S. 63.
[81] Vgl. Greif, Björn, 2009.
[82] Vgl. Page, Lawrence et al., 1998, S. 8.
[83] Vgl. ebd., S. 15.
[84] Feature: Leistungs- oder Ausstattungsmerkmal bestimmter Hardware- und Softwareprodukte. Vgl. Winkler, Peter, 2009, S. 310.
[85] Vgl. Stolpmann, Markus, 2001, S. 84.

Festlegung der Ziele ist eine entscheidende Voraussetzung für die Planung des Webauftritts und die Auswahl der entsprechenden Inhalte und Features.

Des Weiteren müssen die potentiellen Besucher der Website bei der Planung berücksichtigt werden. Diese unterscheiden sich grundlegend in ihren Erwartungen sowie deren Verhalten im Web.[86] Hierbei kann es sich z.B. um Personen einer bestimmten Altersgruppe, Geschlecht, einer geographischen Region oder um bestimmte Interessengruppen handeln. Mit dem Webauftritt können jedoch nicht die Erwartungen aller Website-Besucher gleichermaßen erfüllt werden. Aus diesem Grund ist es sinnvoll, Zielgruppen festzulegen und diese auf der Website des Unternehmens ganz gezielt anzusprechen und mit relevanten Inhalten und Informationen zu versorgen.[87] Zusätzlich können ihnen genau die Features bereitgestellt werden, die sie bei ihrer zielorientierten Vorgehensweise am besten unterstützen.

Zu der Vielzahl möglicher Features, die auf einer Website angeboten werden können, zählt bspw. die Gelegenheit, Webseiten zu personalisieren. Dadurch können unter anderem nicht benötigte Informationen ausgeblendet werden und man kann sich bei jedem Besuch der Seite sofort die gewünschten Informationen anzeigen lassen. Weitere Funktionen können die Bereitstellung von Interaktionsangeboten wie z.B. einen Chatroom, um in direkten Kontakt mit den Mitarbeitern des Unternehmens treten zu können sowie ein Online-Shop mit Abbildungen der Waren, aktuellen Preisen und die Möglichkeit einer Bestellung sein. Features einer Website sollen einen Mehrwert für den Besucher schaffen, ihn länger auf der Website halten und ihn zu einem erneuten Besuch animieren.[88] Das Vorhandensein oder das Fehlen von bestimmten Features oder Inhalten könnte ausschlaggebend sein, ob Kunden den Webauftritt wiederholt besuchen oder Geschäfte abschließen.[89] Demzufolge sollten auf der Unternehmens-Website die Inhalte und Features präsentiert werden, die aufgrund des Bedarfs der Zielgruppen benötigt werden und ihnen einen Mehrwert bringen.[90]

Es muss darauf geachtet werden, dass die Zielgruppe des Unternehmens entsprechende Voraussetzungen für die Nutzung der Features mitbringt. So wäre es z.B. nur sinnvoll, Online-Bezahlung mit Kreditkarten anzubieten, wenn sicher ist, dass die Kunden auch gewöhnlicherweise eine Kreditkarte besitzen und diese auch bereit sind, die Karte zu verwenden.

---

[86] Vgl. Roddewig, Sven, 2003, S. 160.
[87] Vgl. Fulford, Heather, 2006, S. 152.
[88] Vgl. Porter, Thomas, 2008, S. 266.
[89] Vgl. Mendo, Fernando Alonso et al., 2006, S. 36.
[90] Vgl. Fulford, Heather, 2006, S. 152; Porter, Thomas, 2008, S. 267f. und Cooper, Joan et al. 2000, S. 195.

Um herauszufinden, durch welche konkreten Features und Inhalte ein Mehrwert für die Zielgruppen geschaffen werden kann, müssen deren Bedürfnisse ergründet werden. Dies kann durch Erfahrungen und den Umgang mit Kunden, Meinungsäußerungen sowie Umfragen geschehen. Aufgrund dieser Informationen können Rückschlüsse auf die Bedürfnisse der Zielgruppen geschlossen werden und der Online-Auftritt des Unternehmens entsprechend gestaltet werden.

Darüber hinaus ist es auch sinnvoll, eine Konkurrenzanalyse durchzuführen und in Erfahrung zu bringen, welche Features andere Unternehmen im selben Sektor, also potentielle Wettbewerber, implementieren.[91] Hierbei sollte auf Inhalte, Zielgruppen, Feature-Angebote etc. von Konkurrenzunternehmen geachtet werden, da dadurch auch Schlussfolgerungen auf deren Erfahrungen mit dem gleichen Kundenkreis gezogen werden können. Dazu ist es wichtig, dass Unternehmen ihre Stellung auf dem Markt und ihre Wettbewerber kennen.

Die Implementierung von Features einer Website sowie die Darstellung und Aktualisierung von Inhalten erfordern Investitionen von Ressourcen (bspw. Zeit, Humankapital) und ggf. auch Erweiterungen der Informations- und Kommunikationstechnologie (IKT). Da die finanziellen und personellen Mittel von KMU typischerweise begrenzt sind, müssen diese effizient eingesetzt werden. Aus diesem Grund ist es vonnöten, die Investitionen gründlich zu planen, um Risiken zu minimieren und den gewünschten Erfolg zu gewährleisten.[92]

Unternehmen sollten je nach finanziellen Kapazitäten, Voraussetzungen (technisch, organisatorisch und Know-how) und Kenntnisstand über Kundenbedürfnisse mit der Entwicklung eines kleinen, dem Niveau des Unternehmens angepassten, professionellen Webauftritts beginnen, um möglichst schnell einen positiven Return on Investment[93] zu erreichen und somit einen Nutzen aus der Investition in die Website zu ziehen. Es können nach und nach weitere Funktionalitäten zum Webauftritt hinzugefügt werden, um diesen zu einer komplexen Website auszubauen.[94] Dies entspricht der traditionellen Methode der Website-Entwicklung von KMU[95], wo mit dem Grad der technischen Fähigkeiten und Fachkenntnis bezüglich der Nutzung von Internettechnologien auch die Komplexität des Webauftritts steigt.[96]

---

[91] Vgl. Mendo, Fernando Alonso et al., 2006, S. 36.
[92] Vgl. ebd., S. 17.
[93] Return on Investment ist eine Messgröße zur Bestimmung der Wirtschaftlichkeit, auch Rentabilität genannt. Vgl. Hohmann, Joachim et al., 2004, S. 84.
[94] Vgl. Schelp, David, 2009; Cooper, Joan et al., 2000, S. 194f. und Burgess, Stephen, 2003, S. 290.
[95] Vgl. Burgess, Stephen, 2003, S. 290.
[96] Vgl. Cooper, Joan et al., 2000, S. 194f.

Abbildung 3 zeigt einen möglichen Evolutionsprozess der Website-Entwicklung. Dabei wird die zeitliche Entwicklung beim Ausbau von Websites sowie die steigende Komplexität von einer einfachen Website bis zur vollständigen Integration des Webauftritts in die Geschäftsprozesse eines Unternehmens durch das Hinzufügen von Funktionalitäten dargestellt.

Abbildung 3: Evolutionsprozess der Website-Entwicklung

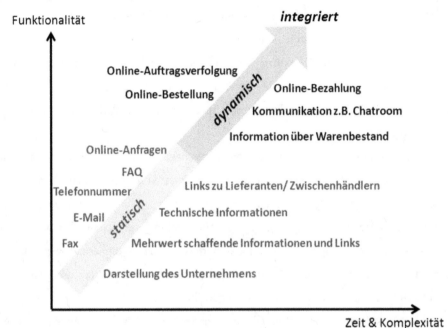

Quelle: Eigene Darstellung in Anlehnung an: Cooper, Joan et al., 2000, S. 195.

Bei der Implementierung von Features müssen sich Unternehmen über deren betriebswirtschaftlichen Nutzen (Return on Investment) im Klaren sein. So steht der wahrgenommene Nutzen für die Besucher des Webauftritts (als Vorteil für das Unternehmen) den Kosten gegenüber, die dem Website-Anbieter durch die Implementierung entstehen. Unternehmen benötigen Kenntnisse über die Häufigkeit der notwendigen Aktualisierungen der Features, um diese immer auf den aktuellen Stand zu bringen. Entscheidet sich ein Unternehmen bspw. für die Veröffentlichung von aktuellen Unternehmensnachrichten auf der Website, so sollten diese auch häufig aktualisiert werden und für die Zielgruppen relevant sein. Bei der Auswahl von Features für eine Website müssen neben den initialen Kosten der Implementierung auch weiterführende Kosten wie bspw. für die Aktualisierung auf der Website berücksichtigt werden (siehe

Abschnitt 3.6).[97]

So durchlaufen Websites von KMU mehrere Entwicklungsstufen. Die Anzahl der Stufen und somit die Zuordnung von möglichen Inhalten und Features zu einer Stufe wird in der Literatur jedoch nicht einheitlich dargestellt.[98] Dies weist auf die Möglichkeit des sukzessiven Ausbaus des Webauftritts hin und zeigt, dass individuelle Ausgangssituationen von KMU vorliegen und diverse Ausgangspositionen sowie Entwicklungsphasen der Unternehmen berücksichtigt werden müssen.

Dennoch können zwei Arten von Websites klar voneinander abgegrenzt werden. Wie in Abbildung 3 dargestellt, gibt es statische und dynamische Websites. Bei der statischen Variante werden Webseiten als Hypertext Markup Language (HTML)-Dateien gespeichert und werden somit allen Website-Besuchern auf die gleiche Weise zur Verfügung gestellt.

In Abbildung 4 wird die grundlegende Client-Server Interaktion für das Abrufen von statischen Webseiten dargestellt. Nach einer Aktion des Anwenders wie z.B. die Eingabe einer URL oder den Klick auf einen Link stellt der Client (verwendeter Webbrowser wie bspw. Internet Explorer oder Firefox) eine Hyper Text Transfer Protocol (HTTP)-Anfrage (HTTP-Request) an einen Webserver. Der Webserver ruft für die angeforderte Seite eine HTML-Datei aus dem File-System ab und schickt diese als HTTP-Response an den Webbrowser zurück, wo sie dem Internetbenutzer dargestellt wird.

Abbildung 4: Client-Server Interaktion zum Abruf statischer Webseiten

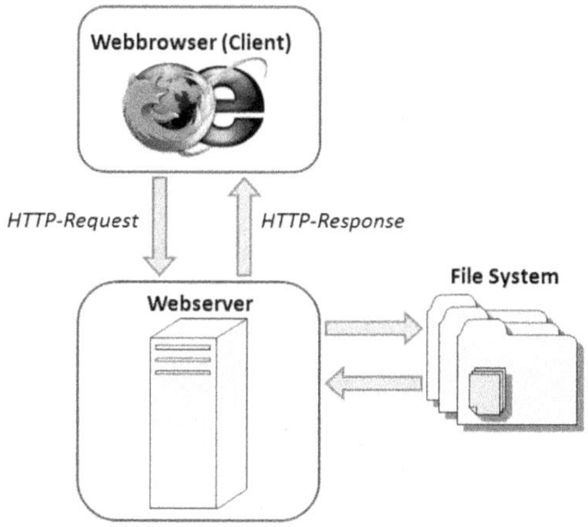

Quelle: Eigene Darstellung in Anlehnung an: Irie, Robert, 2004, S. 769.

Um Änderungen an der Website vornehmen zu können, müssen individuelle HTML-

---

[97] Vgl. Burgess, Stephen, 2003, S. 290.
[98] Vgl. Burgess, Stephen, 2003, S. 291 und Cooper, Joan et al., 2000, S. 194f.

Dateien angepasst werden. Da es sich hierbei um einfache Textdateien handelt, werden hierzu nur wenige Werkzeuge benötigt. Bei entsprechenden HTML-Kenntnissen kann die betroffene Datei manuell mithilfe eines einfachen Texteditors geändert werden. Zudem gibt es eine Reihe von graphischen HTML-Editoren, mit denen die statischen HTML-Dateien auch ohne HTML-Kenntnisse generiert und geändert werden können.[99]

In der frühen Phase der statischen Website-Entwicklung stellt die Internetpräsenz eines Unternehmens lediglich eine Visitenkarte dar, mit deren Hilfe das Unternehmen bekannt gemacht werden soll. Dazu werden, wie auch in Abbildung 3 dargestellt, Kontaktinformationen wie bspw. Postadresse, Telefon-, Faxnummern sowie die E-Mail-Adresse veröffentlicht. Im nächsten Schritt werden zusätzlich Informationen und Features bereitgestellt, die für Website-Besucher einen Mehrwert darstellen. Es werden Informationen über Produkte und Dienstleistungen angeboten, Antworten auf häufig gestellte Fragen (Frequently Asked Questions - FAQ) sowie Links zu weiterführenden Informationen aufgeführt. Zudem können Online-Anfragen an das Unternehmen bspw. über Kontaktformulare gestellt werden.[100]

Ein weiterer Ausbau der Website kann durch die Implementierung von dynamischen Webseiten erreicht werden, wodurch die Interaktion und Kommunikation zwischen Website-Besuchern und dem Unternehmen ermöglicht werden. Wie in Abbildung 3 verdeutlicht ist, werden zusätzlich Features implementiert, die bspw. ermöglichen, Waren online zu bestellen, den Auftragsstatus zu verfolgen und auch Zahlungen auf der Website abwickeln zu können. Zudem kann der Webauftritt mit den logistischen Systemen von Zulieferern und des Warenlagers verbunden werden.[101] Dadurch können dem Kunden genaue Lieferzeiten, die Verfügbarkeit von Waren und stets aktuelle Preise bereitgestellt werden.

Wie in Abbildung 5 graphisch verdeutlicht wird, liegen im Gegensatz zum Abruf statischer Webseiten keine vollständigen HTML-Seiten auf dem Webserver bereit, sondern diese werden erst nach einer Benutzeranfrage automatisch generiert. Auf dem Webserver wird hierzu ein hinterlegter Programmcode (z.B. in der Programmiersprache PHP oder ASP geschrieben) durch einen entsprechenden Script-Interpreter ausgeführt, wodurch Anfragen von Website-Benutzern individuell beantwortet und entsprechende Inhalte bereitgestellt werden können.[102]

---

[99] Vgl. Irie, Robert, 2004, S. 769.
[100] Vgl. Burgess, Stephen, 2003, S. 291 und Cooper, Joan et al., 2000, S. 194f.
[101] Vgl. Burgess, Stephen, 2003, S. 291 und Cooper, Joan et al., 2000, S. 194f.
[102] Vgl. Irie, Robert, 2004, S. 769.

Für die Bereitstellung der Inhalte kann auf Datenbanken und Dateien im File-System zugegriffen werden.

Abbildung 5: Client-Server Interaktion zum Abruf dynamischer Webseiten

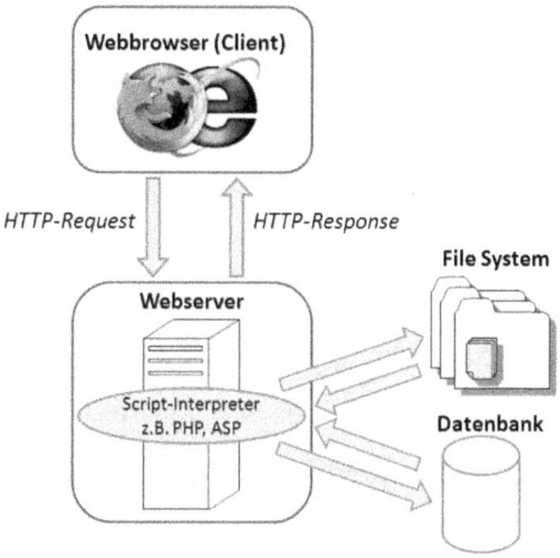

Quelle: Eigene Darstellung in Anlehnung an: Irie, Robert, 2004, S. 769.

Unabhängig davon, ob der Webauftritt eines Unternehmens dynamisch generiert wird oder ob dieser aus statischen HTML-Seiten besteht, sollten die bereitgestellten Informationen und Funktionalitäten/Features der Website klar erkennbar sein.[103] Damit Website-Benutzer schnell an ihr Ziel kommen, muss eine einfach handhabbare Nutzung der Website gewährleistet werden. Es sollte daher keine große Erfahrung bei der Nutzung von Internettechnologien vorausgesetzt werden.[104] Eingesetzte Features müssen entsprechend in den Webauftritt integriert werden, dass sich Anwender schnell zurechtfinden und die Wege für Anfragen oder Transaktionen kurz sind.

Demzufolge ist mithilfe einer Zielgruppenbestimmung ein wichtiger Schritt getan, um nützliche Features zu identifizieren und je nach wirtschaftlichem Nutzen für das Unternehmen und Phase der Website-Entwicklung in den Webauftritt zu integrieren.

Beispielunternehmen – LMS GmbH

Zur Zielgruppe der LMS GmbH zählen sämtliche Unternehmen, die Ladungen heben, transportieren und sichern. Darunter fallen vor allem Bau- und Fuhrunternehmen. Aus jahrelanger Erfahrung im Umgang mit diesem Kundenkreis sind der LMS GmbH die Bedürfnisse dieser Zielgruppe bereits bekannt. Neben aktuellen Preisinformationen

---

[103] Vgl. Fulford, Heather, 2006, S. 152.
[104] Vgl. ebd., S. 153.

benötigen diese vor allem die Gewissheit, dass Waren möglichst kurzfristig geliefert werden können. Aufgrund der bereits aufgeführten Ziele der LMS GmbH und den Bedürfnissen ihrer Zielgruppe sind ein Online-Shop mit aktuellen Produkt- und Preisinformationen sowie die Bereitstellung von Antworten auf die FAQs sinnvolle Features für die Website, da diese sowohl für Kunden als auch für die LMS GmbH einen Mehrwert schaffen. Mit der Möglichkeit der Online-Bestellung und -bezahlung besteht die Notwendigkeit, den derzeit statischen Webauftritt des Unternehmens auf einen dynamischen umzustellen.

3.5 Hosting einer Website

Für das Betreiben eines Webauftritts müssen bestimmte Hard- und Softwarevoraussetzungen erfüllt werden. Während die Bereitstellung eines Webservers und genügend Speicherplatz für das Betreiben einer Website mit statischen HTML-Seiten bereits ausreichend ist, werden an den Betrieb eines dynamischen Webauftritts zusätzliche Anforderungen gestellt[105]. Wie in Abschnitt 3.4 dargestellt wurde, muss der Server die Ausführung des Programmcodes durch einen Script-Interpreter und den Zugriff auf Datenbanken ermöglichen.[106]

Zudem werden an einen Webauftritt weitere Anforderungen wie eine hohe Verfügbarkeit, gute Performance, Datensicherheit und somit die Gewährleistung des zuverlässigen Betriebs gestellt.[107]

Unternehmen können entweder selbst die benötigten Hard- und Softwarevoraussetzungen, die für den Betrieb eines Webauftritts benötigt werden, bereitstellen oder die Dienste eines externen Anbieters in Anspruch nehmen. Das Auslagern der Informationstechnologie (IT) an Hosting-Anbieter ist für KMU eine sinnvolle, komfortable und wirtschaftliche Lösung, da diese oftmals nicht über die notwendigen Voraussetzungen für ein sicheres und dauerhaftes Betreiben ihrer Website verfügen.[108]

Die von unterschiedlichen Providern angebotenen Hosting-Pakete unterscheiden sich zum Teil erheblich in ihrem Leistungsangebot und deren Preis. Bei der Wahl eines Hosting-Angebotes sollte sehr genau darauf geachtet werden, dass die für die Unterhaltung des Webauftritts gestellten Anforderungen erfüllt werden.

---

[105] Vgl. Harms, Florian, 2007, S. 25.
[106] Vgl. Potts, Kevin, 2007, S. 16.
[107] Vgl. ebd., S. 18.
[108] Vgl. Schmidt, Artur P., 2005, S. 82 und Burgess, Stephen, 2003, S. 290.

28

Viele Provider bieten bereits vorinstallierte Content Management Systeme (CMS, siehe Kapitel 4) an oder ermöglichen durch sogenannte 1-Klick-Installationen die besonders einfache Auswahl und Einrichtung eines Standard-CMS. Bei dieser Variante müssen Unternehmen darauf achten, ob der Provider diese Systeme bei Veröffentlichung von neuen Programmversionen aktualisiert und regelmäßig Updates einspielt, um bekannt gewordene Sicherheitslücken zu schließen.

Andere Anbieter wiederum stellen nur die benötigten Voraussetzungen für den Betrieb eines CMS bereit, wie bspw. Skript-Interpreter, Datenbanken und Webserver. In diesem Fall muss das Unternehmen selbst darauf achten, dass die Softwareversionen den Mindestanforderungen entsprechen und Aufgaben wie Beschaffung, Installation und Konfiguration des CMS eigenständig übernehmen.[109]

Die Performance und die Flexibilität der Konfigurationsmöglichkeiten des Systems hängen von der Art der angebotenen Systemumgebung ab. So gibt es eine Vielzahl unterschiedlicher Systemkonfigurationen. Neben dedizierten Servern, die ausschließlich für den Webauftritt eines einzigen Unternehmens verwendet werden, gibt es bspw. die Möglichkeit, virtuelle Server einzurichten. Hierbei werden auf einem physikalischen Server mehrere Webauftritte verwaltet, die sich die Ressourcen des Rechners teilen. Es gibt Server mit Root-Zugriff, bei denen Anwender selbst beliebige Konfigurationseinstellungen vornehmen können und Server ohne Root-Zugriff, bei denen Anwender die Einstellungen nicht ändern können. In diesem Fall sind Anwender darauf angewiesen, dass die Einstellungen bereits so gesetzt sind, wie sie vom CMS benötigt werden.[110]

Für die Performance des Webauftritts ist entscheidend, dass eine bestimmte Mindestkapazität durch den Provider zugesichert wird. Andernfalls können lange Antwortzeiten entstehen, wenn mehrere Benutzer gleichzeitig auf die verschiedenen Webauftritte zugreifen und die Ressourcen des Servers geteilt werden.

Die Art des Servers und die zugesicherte Bandbreite sind wesentliche Faktoren für den Preis eines Hosting-Pakets. So werden Pakete umso kostenintensiver, je mehr Performance zugesichert wird.[111]

Es sollte auch darauf geachtet werden, dass eine Daten-Flatrate im Angebot enthalten ist, damit die Kosten für den Online-Auftritt planbar sind. Für den Betrieb eines Webauftritts sollten Unternehmen einen zuverlässigen Provider wählen, der auch einen

---

[109] Vgl. Bager, Jo, 2008, S. 135.
[110] Vgl. Münz, Stefan, 2008, S. 503.
[111] Vgl. Stöckl, Andreas et al., 2006, S. 23.

guten Kundensupport anbietet.[112]

Ob ein Unternehmen selbst die benötigten Hard- und Softwarevoraussetzungen für einen Webauftritt bereitstellt oder die Leistungen eines Hosting-Anbieters in Anspruch nimmt, muss je nach Kapazitäten und Situation des Unternehmens entschieden werden. Abhängig von dieser Entscheidung entstehen dem Unternehmen Kosten, die bei der Planung eines Webauftritts im Vorfeld berücksichtigt werden müssen.

Beispielunternehmen – LMS GmbH

In der LMS GmbH gibt es 2 technische Mitarbeiter die bereits jetzt für die Administration der IT-Systeme zuständig sind. Mit ihnen hätte die LMS zwar die benötigten Kenntnisse und Fähigkeiten, um den neuen dynamischen Webauftritt selbst zu hosten, allerdings gibt es derzeit sehr kostengünstige Hosting-Angebote, sodass diese Aufgabe an einen externen Anbieter übertragen werden soll. Da die LMS GmbH bereits seit mehreren Jahren zufriedener Kunde eines Dienstleisters ist, hat sie sich für ein Angebot dieses Anbieters entschieden, welches die Generierung von dynamischen Webseiten unterstützt. Es handelt sich um ein Shared Hosting Angebot ohne Root Zugriff, bei dem auf einem Server mehrere Webauftritte verwaltet werden. Im Preis von unter 100 Euro jährlich ist eine Daten-Flatrate bereits enthalten.

3.6 Berücksichtigung von Kosten

Nach den bisher dargestellten Aspekten, die bei der Planung einer Website berücksichtigt werden müssen, soll zum Abschluss dieses Kapitels auf mögliche Kosten eingegangen werden, die durch den Einsatz eines Webauftritts für KMU entstehen können.

Dabei ergeben sich einmalige Kosten in der Entwicklungsphase des Webauftritts sowie dauerhafte Kosten zur Pflege und Instandhaltung der Website bzw. Kosten im Falle von Outsourcing-Entscheidungen.

Einmalige Kosten entstehen bereits bei der Planung des Webauftritts, wenn z.B. Ziele festgelegt und Zielgruppen bestimmt werden sowie eine Konkurrenzanalyse durchgeführt wird.[113]

Weitere Kosten fallen durch die initiale Entwicklung der Website an.[114] Entwicklungskosten entstehen einerseits durch die Erstellung der Website und somit die

---

[112] Vgl. Potts, Kevin, 2007, S. 18.
[113] Vgl. Jacobsen, Jens, 2009, S. 22.
[114] Vgl. Pakroo, Peri H., 2008, S. 231 und Burgess, Stephen, 2003, S. 290.

Implementierung der einzelnen Features. Der Webauftritt muss optisch ansprechend gestaltet und einer breiten Masse zugänglich gemacht werden. Aus diesem Grund müssen bei der Umsetzung u.a. Richtlinien und Standards für professionelles Design, Usability, Barrierefreiheit und Suchmaschinenfreundlichkeit berücksichtigt werden. Die Entwicklungskosten sind für gewöhnlich umso höher, je umfangreicher der Webauftritt werden soll. Wie in Abschnitt 3.4 dargestellt wurde, gibt es statische und dynamische Websites. Der Entwicklungsaufwand und somit die Kosten sind im Allgemeinen höher, wenn für den Webauftritt keine statischen HTML-Seiten hinterlegt werden, sondern dieser dynamisch generiert werden soll.[115] Dies kann darauf zurückgeführt werden, dass bei der Erstellung zusätzlicher Aufwand für die Programmierung von Features und gegebenenfalls die Entwicklung von Schnittstellen zur Integration des Webauftritts in die bestehende IT-Infrastruktur entsteht, um bspw. ein Warenwirtschaftssystem anzubinden. Weitere Kosten, die bei der Planung berücksichtigt werden müssen, entstehen durch die Anschaffung oder den Austausch von Hard- und Software wie Datenbanken, Webserver etc., wenn das Hosting (siehe Abschnitt 3.5) nicht aus dem Unternehmen ausgelagert wird. Daneben müssen eventuell anfallende Lizenz- oder andere Gebühren berücksichtigt werden.[116]

CMS, auf die im anschließenden Kapitel noch ausführlich eingegangen wird, sind eine gute Basis für die Erstellung dynamischer Websites. Durch die Anschaffung, Einrichtung und Einführung eines CMS müssen Kosten berücksichtigt werden.[117] Diese können einerseits durch den Kaufpreis eines CMS auftreten, wobei es jedoch auch kostenlose Open Source Systeme gibt (siehe Abschnitt 4.3.5). Weitere Kosten werden durch den Aufwand verursacht, der zur Installation des Systems, Einrichtung der Features und Funktionen sowie deren Anpassung an die Bedürfnisse des Unternehmens entsteht. Außerdem ist das Einpflegen der Daten in das CMS und ggf. auch die Übernahme von Inhalten eines zuvor genutzten statischen Webauftritts ein weiterer Kostenfaktor. Andererseits entstehen Kosten durch notwendige Schulungen oder Einarbeitungszeiten der Mitarbeiter für die Nutzung des CMS, was eine Senkung der Leistungsfähigkeit bezogen auf ihre eigentlichen Tätigkeiten nach sich zieht.[118] Die relativ hohen Kosten für die Einführung eines CMS machen sich aber im Betrieb durch Kosteneinsparungen aufgrund von Automatisierung bestimmter Abläufe und

[115] Vgl. Pakroo, Peri H., 2008, S. 231.
[116] Vgl. Burgess, Stephen, 2003, S. 290.
[117] Vgl. Büchner, Heino et al., 2001, S. 225.
[118] Vgl. Burgess, Stephen, 2003, S. 290.

Arbeitsvereinfachungen bei der Pflege der Website-Inhalte bezahlt.[119]

Dauerhafte Kosten entstehen nach der Website-Entwicklung durch den Betrieb und die Bekanntmachung des Webauftritts. Kosten für den Betrieb einer Website ergeben sich aus der notwendigen technischen Wartung (Webserver, Datenbank usw.) sowie der Einbindung von Mitarbeitern in die Pflege der Website-Inhalte.[120] Beim Einsatz eines CMS ist für die Pflege der Website-Inhalte kein kostenintensives technisches Personal notwendig, was zu einer deutlichen Einsparung der Personalkosten führen kann.[121] Für Änderungen statischer HTML-Seiten hingegen sind technische Kenntnisse von Mitarbeitern notwendig.

Kosten entstehen auch durch den Support der Website-Benutzer und Online-Kunden. Mithilfe der auf der Website angebotenen Kontaktinformationen können sich Benutzer des Webauftritts nicht nur per E-Mail oder Telefon mit dem Unternehmen in Verbindung setzen, sondern u.a. auch per Formularanfrage oder Live-Chat, um schneller die gewünschten Informationen zu erhalten. Im Unternehmen muss entsprechend geschultes Personal verfügbar sein, um die Anfragen der Kunden zu Produkten etc. direkt beantworten zu können.[122]

Durch die Beteiligung von Mitarbeitern an Aufgaben, die im Zusammenhang mit dem Webauftritt stehen, sind dauerhaft weniger Ressourcen für die Bewerkstelligung der Aufgaben im Tagesgeschäft verfügbar.[123] Je nach Intensität der Einbindung von Mitarbeitern ist es ggf. notwendig, zusätzliches Personal einzustellen. Dies führt wiederum zum Anstieg der Ausgaben des Unternehmens.

Weitere Kosten können durch die Erhebung von Gebühren für die Durchführung von Online-Transaktionen wie das Bezahlen von Waren oder Copyrightgebühren etc. anfallen.[124]

Die Erstellung der Website und deren stetiger Ausbau kann vom Unternehmen, sofern das benötigte Know-how vorhanden ist, selbst durchgeführt werden. Allerdings haben KMU mit ihren begrenzten personellen Ressourcen oftmals keine geeigneten Mitarbeiter für diese Aufgaben.[125] In diesem Fall kann es sinnvoller sein, die Aufgaben an externe IT-Dienstleister wie z.B. Internetagenturen zu übertragen, als sich das Know-

---

[119] Vgl. Büchner, Heino et al., 2001, S. 225.
[120] Vgl. Burgess, Stephen, 2003, S. 291.
[121] Vgl. Austerberry, David, 2004, S. 33.
[122] Vgl. Burgess, Stephen, 2003, S. 290.
[123] Vgl. ebd., S. 291.
[124] Vgl. Pakroo, Peri H., 2008, S. 231.
[125] Vgl. Gilmore, Audrey et al., 2007, S. 241.

how für die Erstellung von Websites selbst anzueignen. *Outsourcing* ist oftmals die kostengünstigere Alternative, da sich das Unternehmen dann auf die Kernkompetenzen konzentrieren kann.[126]

Outsourcing kann auch bei vorhandenen Kenntnissen im Unternehmen sinnvoll sein, wenn dadurch Kosteneinsparungen erreicht werden (Prinzip der Arbeitsteilung und Spezialisierung[127]) oder Kosten durch diesen Schritt überschaubar werden.

Allerdings entsteht dadurch auch eine Abhängigkeit vom IT-Dienstleister, an den diese Aufgaben übertragen werden.

Wie im vorherigen Abschnitt bereits verdeutlicht, müssen auch Kosten für das Hosting, ob fremd- oder selbstgestaltet, des Webauftritts berücksichtigt werden. Dabei fallen entweder Kosten für die Anschaffung und Bereitstellung der notwendigen Hard- und Software oder für die Auslagerung an einen Provider an.[128]

Unternehmen sollten langfristig planen und von Anfang an IT-Systeme verwenden, mit denen die derzeitigen und auch zukünftigen Anforderungen ohne großen Aufwand und Folgekosten realisiert werden können. Es kann sinnvoll sein, bei der Erstellung einer Website ein CMS auch dann einzusetzen, wenn vorerst keine dynamischen Inhalte bereitgestellt und diese nur selten aktualisiert werden müssen. Somit ist die Basis für die Implementierung von dynamischen Inhalten und Interaktionen vorhanden und es muss später kein neues System eingeführt werden.

Beispielunternehmen – LMS GmbH

Unter Berücksichtigung der Kosten für die Entwicklung der Website und die Pflege der Inhalte hat sich die LMS GmbH dazu entschieden, den Webauftritt möglichst einfach zu halten und vorerst nur dringend benötigte Features wie den Online-Shop sowie die FAQs zu implementieren. Auf diese Weise gibt es nur wenige Inhalte auf der Website, die regelmäßig aktualisiert werden müssen und Mitarbeiter des Unternehmens werden nicht durch Mehraufwand belastet. Details zum Aufbau, Inhalten und Funktionen des Webauftritts der LMS GmbH werden im Anhang 1 dargestellt.

Nach mehrmaliger Erwähnung des Begriffs CMS im Zusammenhang mit dynamischen Websites wird im folgenden Kapitel u.a. darauf eingegangen, was CMS sind, wie sie funktionieren und welche Bedeutung sie für die Pflege von Websites haben.

---

[126] Vgl. Schmidt, Artur P., 2005, S. 82 und Bundesministerium für Wirtschaft und Technologie, 2006, S. 4.
[127] Vgl. Bacher, Matthias R., 2000, S. 9f.
[128] Vgl. Burgess, Stephen, 2003, S. 290.

4 Content Management Systeme

Die in den vorherigen Abschnitten dargestellten Anforderungen an Websites wie bspw. die Notwendigkeit der regelmäßigen Aktualisierung der Inhalte, die Präsentation eines umfangreichen Informationsangebotes, die Sicherstellung, dass nur aktuelle Inhalte online stehen und vor allem die Notwendigkeit, Webinhalte dynamisch für verschiedene Benutzergruppen oder bei Suchanfragen zusammenzustellen, erfordern ein System als technologische Unterstützung.[129] CMS sollen Mitarbeiter bei der Pflege von Website-Inhalten entlasten und die Veröffentlichung von Inhalten im Web in die täglichen Geschäftsprozesse integrieren.[130]

4.1 Begriffsdefinition

Ein CMS ist ins Deutsche übersetzt ein System zur Verwaltung von Inhalten. Dabei handelt es sich um Software, die mit einer bestimmten Programmiersprache wie bspw. PHP, ASP.NET oder Java geschrieben wurde[131]. Diese Software enthält die Logik für die Pflege von Inhalten und deren Ausgabe. Bei einem CMS, welches vorwiegend für die Verwaltung von Inhalten eines Webauftritts verwendet wird, spricht man auch von einem Web Content Management System (WCMS).[132]

Abbildung 6: Visuelle Begriffserklärung von WCMS

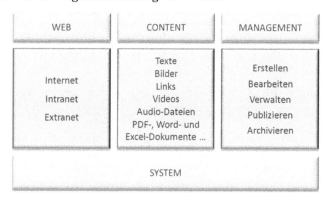

Quelle: Eigene Darstellung in Anlehnung an: Büchner, Heino et al., 2001, S. 100.

In der Literatur existiert keine offizielle Definition des WCMS[133], weshalb der Begriff durch die Erklärung der einzelnen Bestandteile Web, Content und Management erläutert

---

[129] Vgl. Balci, Ismail et al., 2007, S. 73.
[130] Vgl. Friedlein, Ashley, 2003, S. 51.
[131] Vgl. Bähr, Tobias, 2009; Harms, Florian, 2007, S. 26 und Ripfel, Franz et al., 2008, S. 33ff.
[132] Vgl. Balci, Ismail et al., 2007, S. 70.
[133] Vgl. Schwickert, Axel C. et al., 2004, S. 6.

wird. In Abbildung 6 ist dieser Schritt visuell dargestellt. Der Begriff *Web* bezieht sich hierbei neben dem Internet auch auf das Intranet sowie das Extranet. Diese können als unternehmensinterne Informations- und Kommunikationsplattformen eingesetzt und somit von eigenen Mitarbeitern genutzt sowie auch durch festgelegte externe Nutzer wie bspw. Geschäftspartner oder Zulieferer verwendet werden.[134]

Sämtliche digitale Inhalte einer Website werden als *Content* oder auch Asset bezeichnet. Dazu gehören einerseits Texte, Bilder, Grafiken, Links, Google Maps, Anzeigen, Newsfeeds, etc.[135] Zum anderen zählen dazu Inhalte, deren Darstellung an eine bestimmte Applikation gebunden ist. Hierzu gehören bspw. Audio-Dateien, Videos oder auch PDF-, Word- oder Excel-Dokumente. Weitere Inhalte einer Website entstehen aufgrund der Interaktion von Kunden mit dem Unternehmen. Dazu gehören u.a. Warenkörbe, Nutzerdaten oder Einträge in Foren.[136]

Zu dem Begriff *Management* zählt die Planung, Steuerung und Kontrolle aller Aktivitäten, die in dem Prozess von der Erstellung bis zur Veröffentlichung und Archivierung sämtlicher Inhalte einer Website anfallen. Dazu zählen bspw. das Kategorisieren und Strukturieren von Daten, um diese wieder auffindbar zu machen oder das Kontrollieren der Inhalte vor der Veröffentlichung im Web. Management umfasst auch die Definition und Abbildung eines Workflows, wodurch festgelegt wird, welche Tätigkeiten durch welche Benutzer bzw. Benutzergruppen ausgeführt werden sollen.[137] Weitere Aufgaben im Bereich Management können die Konfiguration des WCMS, die Verwaltung von Templates (siehe Abschnitt 4.2), die Administration der Anwender oder die Speicherung und Versionierung von Daten sein, wobei jedoch nicht jedes System dazu in der Lage ist.[138]

Neben der Veröffentlichung im Web können CMS auch eingesetzt werden, um Inhalte in anderen Medien (auch Print) und Endgeräten wie bspw. Mobiltelefone oder Personal Digital Assistants (PDAs) auszugeben.[139] Aus diesem Grund wird zur Vereinfachung der Begrifflichkeiten im Folgenden statt WCMS der allgemeinere Begriff CMS verwendet.

---

[134] Vgl. Schwickert, Axel C. et al., 2004, S. 6.
[135] Vgl. Graf, Hagen, 2008, S. 34.
[136] Vgl. Büchner, Heino et al., 2001, S. 120.
[137] Vgl. ebd., S. 101.
[138] Vgl. Friedlein, Ashley, 2003, S. 98ff.
[139] Vgl. Maier, Ronald et al., 2009, S. 308 und Balci, Ismail et al., 2007, S. 70.

4.2 Funktionsweise

Nachdem erläutert wurde, was unter dem Begriff CMS zu verstehen ist, soll in diesem Abschnitt die Funktionsweise von CMS verdeutlicht werden.

Im Zuge der Kategorisierung und Strukturierung von Daten werden jedem digitalen Inhalt sogenannte Metadaten zugewiesen. Dabei handelt es sich um Informationen über den Content. Hierzu gehören bspw. das Datum der Erstellung, der Veröffentlichungszeitraum auf einer Website, ein Themengebiet, mit dem der Inhalt im Zusammenhang steht sowie eine Beschreibung eines Bildes oder Videos. Darüber hinaus zählt zu den Metadaten der Zustand, der aussagt, ob ein Element noch kontrolliert werden muss, für die Veröffentlichung freigegeben oder eventuell gesperrt ist. Metadaten stellen die Grundlage für die Steuerung des Workflows dar und ermöglichen somit die Kontrolle der Inhalte einer Website.[140]

Sämtliche, von einem CMS verwalteten Elemente werden mit ihren Metadaten strukturiert in einer Datenbank bzw. im Dateisystem abgelegt und können somit effizient wiedergefunden werden.[141] Die Speicherung der Inhalte erfolgt dabei getrennt von deren Darstellung, was ein besonders wichtiges Merkmal eines CMS ist.[142]

Für die Präsentation der Inhalte auf einer Webseite werden sogenannte Templates verwendet. Templates sind eine Kombination aus HTML- und Cascading Style Sheet (CSS)-Dateien und bilden das Grundgerüst für eine Webseite. Sie werden von einem Administrator im System hinterlegt und können dann vom CMS für die Generierung von Webseiten verwendet werden. HTML-Dateien sind Vorlagen, über die gesteuert wird, wie die einzelnen Elemente auf der Seite angeordnet werden sollen. Sie bestehen einerseits aus statischen Elementen, welche unabhängig vom anzuzeigenden Inhalt immer gleich sind -wie bspw. eine Kopf- oder eine Fußzeile- und anderseits enthalten sie Platzhalter, die durch das CMS mit dynamischen Inhalten gefüllt werden. Mithilfe von CSS-Dateien kann die optische Darstellung der Inhalte bspw. durch Angabe von Schriftfarben, -art und -größe gesteuert werden.[143] Auf diese Weise kann das Layout und die Optik des gesamten Webauftritts allein durch eine Modifizierung der Templates erreicht werden. Eine erneute Bearbeitung der Website-Inhalte ist hierfür nicht notwendig.[144]

Abbildung 7 zeigt, wie das CMS Platzhalter in einem Template mit Inhalten aus der Datenbank füllt und somit eine dynamische Webseite generiert.

---

[140] Vgl. Yu, Holly, 2005, S. 6f.
[141] Vgl. Schwickert, Axel C. et al., 2004, S. 36.
[142] Vgl. Büchner, Heino et al., 2001, S. 107.
[143] Vgl. Graf, Hagen, 2008, S. 34 und Schwickert, Axel C. et al., 2004, S. 7f.
[144] Vgl. Maier, Ronald et al., 2009, S. 323 und Bärwolff, Hartmut et al., 2006, S. 83.

Abbildung 7: Template-basierte Generierung einer Webseite

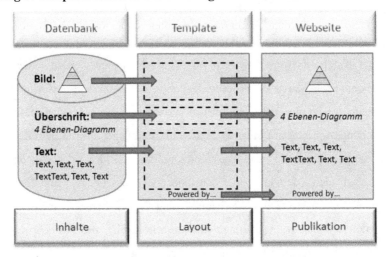

Quelle: Eigene Darstellung in Anlehnung an: Büchner, Heino et al., 2001, S. 108.

Mithilfe unterschiedlicher Templates kann derselbe Inhalt auf verschiedenen Seiten des Webauftritts in einer anderen Form präsentiert werden. Beim Aufruf einer Webseite durch einen Benutzer können die Platzhalter im verwendeten Template bspw. mit den persönlichen Daten des Kunden gefüllt oder die Ergebnisliste einer abgesetzten Suche angezeigt werden. Mit dem Einsatz eines CMS ist somit die technische Voraussetzung gegeben, personalisierte Webseiten erstellen zu können.[145]

Aus der dargestellten Funktionsweise von CMS ergeben sich bei der Erstellung von Webseiten mehrere Aufgaben, die durch unterschiedliche Mitarbeiter eines Unternehmens wahrgenommen werden können. Im Folgenden soll auf die verschiedenen Aufgabenbereiche und die Möglichkeiten der Zusammenarbeit der Beteiligten eingegangen werden.

4.2.1 Aufgabenbereiche

Die separate Verwaltung von Inhalt und Gestaltung sowie deren dynamische Zusammenführung bieten nicht nur Vorteile für die flexible Generierung von Webseiten, sondern auch für die Verwaltung der Inhalte und Administration des CMS.

Nach dem Prinzip „teile und herrsche"[146] kann das komplexe CMS in die drei Aufgabenbereiche *Funktionalität*, *Gestaltung* und *Inhaltsverwaltung* zerlegt werden. Alle diese Teilaufgaben können unabhängig voneinander bearbeitet werden, wodurch

---

[145] Vgl. Gentsch, Peter, 2002, S. 274.
[146] „Teile und herrsche" ist ein in der Informatik verwendeter Lösungsansatz, der ein komplexes Problem in mehrere Teilprobleme zerlegt und somit die Lösung vereinfacht.

sich die Gesamtkomplexität stark verringert.[147] Im Folgenden sollen die drei Aufgabenbereiche kurz erläutert werden.

Der Aufgabenbereich *Funktionalität* umfasst sämtliche Tätigkeiten, die zum Betrieb des Webauftritts beitragen. Dies betrifft zum einen die Konfiguration des CMS vor der ersten Inbetriebnahme und somit die Einrichtung sämtlicher, für die Website vorgesehener Features. Wie bereits im Abschnitt 3.4 verdeutlicht wurde, können sich im Laufe der Zeit veränderte Anforderungen an die Website ergeben. Dies erfordert ggf. eine Anpassung und Erweiterung des Funktionsumfangs des CMS. Im einfachsten Fall lassen sich die gewünschten Änderungen bzw. neue Funktionen durch Aktivieren eines bestehenden, bisher nicht genutzten Features realisieren. Andere Anforderungen wiederum können die Installation oder das Programmieren von bestimmten neuen Funktionalitäten erfordern.[148] So könnte bspw. die Einrichtung einer speziellen Suchfunktion oder eines Forums notwendig werden. Darüber hinaus wäre die Anbindung von Drittsystemen wie beispielshalber das Warenwirtschaftssystem des Unternehmens, um die aktuell vorrätige Anzahl eines bestimmten Produktes online anzeigen zu können, denkbar.

Die dynamische Erstellung von Webseiten durch das CMS zur Kommunikation und Interaktion mit Kunden sowie der dafür notwendige Zugriff auf eine entsprechende Datenbank stellen hohe Anforderungen an die Performance und die Sicherheit der Informationstechnologien (IT). Zum einen muss das System ständig erreichbar sein, damit der Zugriff auf die Website jederzeit möglich ist. Zum anderen müssen Daten permanent gesichert werden, um besonders sensible Informationen wie Kunden- oder Bestelldaten vor Verlust und unberechtigtem Zugriff zu schützen.[149] Aus diesem Grund ist es unabdingbar, sich stets über Updates für das CMS auf dem Laufenden zu halten, um Sicherheitslücken zu vermeiden beziehungsweise bei Bekanntwerden von Sicherheitsdefiziten diese schnellstmöglich zu beseitigen.

Der Aufgabenbereich *Gestaltung* umfasst die Entwicklung der Website-Architektur, des Designs sowie die Erstellung der benötigten Templates.[150] Da der Webauftritt professionell gestaltet sein muss (siehe Abschnitt 3.1), benötigt der Designer fundierte gestalterische Fähigkeiten sowie tiefgründige Kenntnisse in HTML und CSS. Die

---

[147] Vgl. Bärwolff, Hartmut et al., 2006, S. 83.
[148] Vgl. Büchner, Heino et al., 2001, S. 88.
[149] Vgl. Schmidt, Artur P., 2005, S. 83.
[150] Vgl. Austerberry, David, 2004, S. 33.

fertigen Templates werden im CMS hinterlegt und können den einzelnen Webseiten zugewiesen werden. Somit können, wie bereits in diesem Abschnitt erwähnt, dynamisch wechselnde Inhalte auf der Webseite immer in demselben Layout angezeigt werden.

Zu dem Aufgabenbereich der *Inhaltsverwaltung* gehören die Erstellung und redaktionelle Aufbereitung neuer Inhalte für die Website mit entsprechenden Texten, ansprechenden Bildern und weiterführenden Informationen. Darüber hinaus muss sichergestellt werden, dass die Website stets aktuell ist. Um dies zu erreichen, müssen Inhalte gepflegt und ggf. Seiten dem Webauftritt hinzugefügt oder von diesem entfernt werden.[151]

Die Erfassung und Bearbeitung der Inhalte erfolgt mithilfe von Formularen. Dazu können Autoren Texte und Metainformationen in die dafür vorgesehenen Felder eintragen sowie Bilder und multimediale Elemente auf den Webserver hochladen. Auf diese Weise werden die Daten automatisch strukturiert erfasst und können unabhängig von deren späteren Gestaltung in der Datenbank abgelegt werden.[152] Durch die Vergabe von Metadaten kann der Autor u.a. steuern, in welchem Zeitraum und in welchem Bereich der Website der editierte Beitrag dargestellt werden soll.[153]

Aufgrund der strikten Trennung der technisch administrativen Aufgaben von der Verwaltung und Pflege der Inhalte einer Website kann der Aufgabenbereich Inhaltsverwaltung auch von den Mitarbeitern des Unternehmens übernommen werden, die weder über Programmier- oder HTML-Kenntnisse noch über besonderes technisches Know-how verfügen.[154] Die Benutzeroberflächen von CMS werden immer weiter verbessert und somit wird die Bedienbarkeit vereinfacht.[155] Infolgedessen können genau die Mitarbeiter Inhalte zur Website beisteuern, deren Kernkompetenz in dem entsprechenden Fachbereich liegt. Mitarbeiter der Marketing-Abteilung haben bspw. spezielle Kenntnisse darüber, wie Texte verfasst und Bilder gestaltet werden müssen, damit die Präsentation neuer Produkte auch die gewünschte Wirkung bei Kunden erzielt. Mitarbeiter der Abteilung Verkauf sorgen dafür, dass die Produkte des Unternehmens im Online-Shop zum Verkauf angeboten werden und sichern die Aktualität der Verkaufspreise. Die Serviceabteilung hingegen weiß genau, welche Fragen häufig von Kunden gestellt werden und kann entsprechende Informationen

---

[151] Vgl. Austerberry, David, 2004, S. 33.
[152] Vgl. Maier, Ronald et al., 2009, S. 312.
[153] Vgl. Bärwolff, Hartmut et al., 2006, S. 88.
[154] Vgl. Mendo, Fernando Alonso et al., 2009, S. 275 und Balci, Ismail et al., 2007, S. 71.
[155] Vgl. Maier, Ronald et al., 2009, S. 326.

anbieten.[156]

4.2.2 Unterstützende Funktionen

CMS bieten zahlreiche nützliche Funktionen, um die Arbeit jedes einzelnen Mitarbeiters sowie die Zusammenarbeit zwischen allen Beteiligten zu unterstützen und zentral zu steuern. Diese sind jedoch bei verschiedenen CMS unterschiedlich stark ausgeprägt.

Zentraler und wichtiger Bestandteil eines CMS ist die Workflow-Komponente. Mit dieser lassen sich Workflows einrichten, bei denen sämtliche an der Pflege einer Website beteiligten Mitarbeiter und deren individuellen Aufgaben abgebildet werden können. Der Lebenszyklus der einzelnen Inhalte einer Website kann auf diese Weise besser gesteuert, überwacht und zum großen Teil automatisiert werden. Dies umfasst die Erstellung der Inhalte, deren Kontrolle (um eine hohe Qualität zu gewährleisten) sowie die Freigabe für die Veröffentlichung, das Publizieren auf der Website und die Archivierung.[157]

Durch einen Administrator wird für jeden Mitarbeiter ein Benutzer im System angelegt. Zudem erhalten die Benutzer die benötigten Rechte, um die ihnen übertragenen Aufgaben erfüllen zu können. Benutzer können zu Gruppen mit gleichen Rechten zusammengefasst werden oder aber auch individuell unterschiedliche Rechte erhalten. Durch die Vergabe von Rechten wird bspw. festgelegt, welche Mitarbeiter die Seitenstruktur des Webauftritts ändern dürfen, wer Artikel verfassen darf oder berechtigt ist, Bilder, Videos, Links oder andere Elemente hinzuzufügen. Weiterhin werden Rechte an Mitarbeiter vergeben, die fertige Inhalte kontrollieren und für die Veröffentlichung freigeben dürfen.

Ein typischer Workflow für die Erstellung eines Beitrags für die Website könnte wie folgt definiert werden: ein Mitarbeiter verfasst den Text, ein weiterer recherchiert nach relevanten Bildern und Videos und ordnet diese dem Text zu. Nach der Fertigstellung des Beitrags wird dieser entsprechend gekennzeichnet. Daraufhin kann ein weiterer Mitarbeiter die erstellten Inhalte prüfen und durch Kennzeichnung entweder eine Korrektur veranlassen oder den Beitrag freigeben.

Das Kennzeichnen von Beiträgen und somit die Übergabe an den nächsten, im Workflow vorgesehenen Bearbeiter kann über eine grafische Benutzeroberfläche des CMS gesteuert werden. Dadurch werden in der Datenbank bei dem Beitrag bestimmte Metadaten wie z.B. ein Status gesetzt. Durch die Programmlogik des CMS können Beiträge, die sich in einem bestimmten Status befinden, automatisch im Web

---

[156] Vgl. Schmidt, Artur P., 2005, S.81.
[157] Vgl. Bärwolff, Hartmut et al., 2006, S. 82.

veröffentlicht werden. Durch diesen Automatismus ist das Veröffentlichen weniger fehleranfällig.

Um das CMS als Werkzeug für die Bearbeitung der Webinhalte und Pflege der Seiten nutzen zu können, müssen sich Mitarbeiter im System mit ihrem Benutzernamen und Passwort anmelden. Auf diese Weise kann sichergestellt werden, dass nur berechtigte Personen Änderungen an der Website vornehmen.[158]

Mitarbeiter aus verschiedenen Abteilungen sind gleichzeitig in der Lage, Inhalte zur Website des Unternehmens beizusteuern. Durch die Möglichkeit der parallelen Bearbeitung unterschiedlicher Bereiche der Website durch mehrere Mitarbeiter kann der Pflegeaufwand auf verschiedene Personen verteilt und verschiedene Informationen innerhalb kurzer Zeit veröffentlicht werden.[159] Bei der parallelen Bearbeitung der Inhalte stellt das CMS sicher, dass ein und derselbe Content nicht von zwei Mitarbeitern gleichzeitig bearbeitet wird. Dadurch wird sichergestellt, dass jeweils nur eine aktuelle Version des bearbeiteten Inhalts vorliegt und Überschneidungen vermieden werden. Einige CMS bieten die Möglichkeit der Protokollierung von durchgeführten Änderungen, sodass jederzeit nachvollzogen werden kann, welcher Mitarbeiter zu welchem Zeitpunkt eine Änderung vorgenommen hat. Zudem ist es möglich, eine frühere Version eines Contents wieder herzustellen, um versehentliche Änderungen wieder zu verwerfen.[160]

Einige der bei der Erstellung von Webseiten anfallenden Aufgaben können vollständig vom CMS übernommen werden. So kann die Navigation der Website automatisch anhand der im System vorhandenen Informationen generiert werden. Bei der Generierung von dynamischen Webseiten stellt das CMS auch sicher, dass Bilder, Videos und andere Inhalte, die dem Text zugeordnet wurden, auf der Webseite richtig verlinkt sind. Somit kann verhindert werden, dass auf der Webseite Bilder fehlen oder angebotene interne Links nicht funktionieren.[161] Bei umfangreichen Websites, auf denen viele Elemente miteinander verlinkt sind, wäre es bei Content-Änderungen ohne die Hilfe eines CMS schwer, den Überblick zu behalten und alle betroffenen Stellen anzupassen.

Eine weitere Aufgabe, die das CMS selbstständig übernehmen kann, ist das Erstellen eines Seiten-Index bzw. der Sitemap. Dadurch wird die gesamte Struktur der Website abgebildet und den Besuchern des Webauftritts ein einfacher Überblick über das

---

[158] Vgl. Maier, Ronald et al., 2009, S. 323.
[159] Vgl. Schmidt, Artur P., 2005, S.81.
[160] Vgl. Fröschle, Hans-Peter et al., 2007, S. 20.
[161] Vgl. Bärwolff, Hartmut et al., 2006, S. 83.

Angebot der Website geboten. Sobald sich die Struktur des Webauftritts ändert, passt das CMS die Sitemap automatisch an, sodass diese immer aktuell ist.[162] Durch die Automatisierung dieser Arbeitsschritte können Fehler vermieden und Mitarbeiter entlastet werden.

Nachdem dargestellt wurde, was CMS sind und wie sie grundsätzlich funktionieren, wird anschließend darauf eingegangen, welche Faktoren die Entscheidung für ein System beeinflussen können.

4.3 Auswahl eines CMS

Auf dem Markt werden derzeit mehrere hundert CMS mit zum Teil - wie bereits in den vorherigen Abschnitten erwähnt - sehr unterschiedlichem Funktionsumfang und diversen Kosten angeboten.[163] Das einzusetzende CMS muss bestimmte Features und Funktionalitäten enthalten, um den derzeitigen und möglichen zukünftigen Anforderungen des Unternehmens zu genügen. Grund hierfür sind vor allem die Kosten, die durch die Anschaffung, Einführung und den Einsatz von CMS entstehen (siehe Abschnitt 3.6).

Im Folgenden werden einige wichtige Aspekte dargestellt, die Unternehmen bei der Auswahl eines Systems aus diesem großen Angebot beachten sollten. Dabei wird insbesondere auf die Bedienbarkeit, Integrationsfähigkeit, Zukunftsfähigkeit und Erweiterbarkeit eingegangen. Außerdem werden die Möglichkeiten des Einsatzes eines kostenlosen Standard-Systems sowie eines individuell für das Unternehmen zu entwickelnden Systems aufgezeigt.

4.3.1 Bedienbarkeit

Ein wichtiger Aspekt für die Auswahl eines CMS ist eine leichte und einfache Bedienbarkeit. Dabei sollte es möglich sein, die Benutzeroberfläche für jeden Mitarbeiter individuell und so übersichtlich einzurichten, dass ihm nur die Funktionen zur Verfügung stehen, die er für die Erfüllung seiner Aufgaben benötigt.[164] Mit einer in allen Bereichen des CMS durchgängig einheitlich gestalteten Arbeitsoberfläche sollte das System einfach und intuitiv bedienbar sein. Dadurch sind keine umfangreichen Schulungen notwendig, um mit dem System arbeiten zu können und Arbeitsschritte wie Inhalte erstellen, bearbeiten und publizieren sind ohne Probleme durchführbar.[165]

---

[162] Vgl. Bärwolff, Hartmut et al., 2006, S. 88.
[163] Vgl. o.V., 2009.
[164] Vgl. Doering, Ina, 2008, S. 17ff.
[165] Vgl. Onasch, Lars, 2009.

Besonders intuitiv ist die Pflege von Websites mit CMS, die über einen Webbrowser bedient werden können, da Anwendern der Umgang mit diesen Programmen bereits aus anderen Aktivitäten im Internet bekannt ist. Die Pflege eines Webauftritts mithilfe eines webbasierten CMS hat zudem den Vorteil, dass Mitarbeiter ihre Aufgaben von einem beliebigen Ort aus erfüllen können und nicht an einen bestimmten Arbeitsplatz gebunden sind. Für die Nutzung dieser Webanwendung wäre keine zusätzliche Installation einer Client Software notwendig, da in der Regel auf jedem Computer ein Webbrowser vorhanden ist.

Die leichte Bedienbarkeit des CMS ist besonders wichtig, um Webseiten schnell und effizient erstellen zu können, da die Kosten für Personal im Verhältnis zur Anschaffung eines CMS deutlich höher sind.[166]

4.3.2 Integrationsfähigkeit

Neben der einfachen und individuellen Bedienbarkeit muss bei der Auswahl eines CMS darauf geachtet werden, dass es in die bestehende IT-Infrastruktur eines Unternehmens eingebunden werden kann. Auf diese Weise können gegebenenfalls bestehende Hard- und Software wie Datenbanken, Betriebssysteme oder Webserver verwendet werden.[167] Somit können Kosten für die Anschaffung neuer Systeme und der Aufwand für die Administration begrenzt werden.

Demnach sollte ein CMS über flexible Schnittstellen verfügen, um mit bereits im Unternehmen eingesetzten Systemen wie bspw. CRM-, ERP- oder Shop-Lösungen kommunizieren und Daten austauschen zu können.[168] So ist es möglich, Informationen, die in angebundenen Systemen gespeichert sind, für die Generierung von Webseiten zu verwenden. Dadurch kann ein hoher Aktualitätsgrad der Informationen auf der Website erreicht werden.

Zusätzlich ermöglichen Schnittstellen, die vom CMS zur Verfügung gestellt werden, das Publizieren von Inhalten fremder Anbieter. Diese Funktion wird auch Content Syndication genannt, wobei Daten von anderen Systemen automatisch bezogen und auf der Website des Unternehmens veröffentlicht werden. Dies findet u.a. bei der Veröffentlichung von aktuellen Nachrichten und Brancheninformationen Verwendung.[169]

---

[166] Vgl. Schmidt, Artur P., 2005, S. 81.
[167] Vgl. Doering, Ina, 2008, S. 19.
[168] Vgl. Onasch, Lars, 2009.
[169] Vgl. Doering, Ina, 2008, S. 18.

44

4.3.3 Zukunftsfähigkeit und Erweiterbarkeit

Wie bereits erwähnt, sollte ein CMS zukunftsfähig sein und auch steigenden Ansprüchen des Unternehmens gerecht werden. Nur so kann sichergestellt werden, dass keine zusätzlichen Kosten für die Umstellung auf ein anderes System entstehen. Gute Voraussetzungen bieten hierzu modular aufgebaute CMS. Diese eröffnen die Möglichkeit, dem Webauftritt nach und nach weitere Komponenten hinzuzufügen.[170] Der Vorteil für KMU mit ihren begrenzten personellen Ressourcen besteht hierbei in der Möglichkeit, den Funktionsumfang der Website auf das Wesentliche zu beschränken und anschließend schrittweise auszubauen (siehe Abschnitt 3.4). So kann es durchaus sinnvoll sein, mit Basisfunktionalitäten für die Pflege und Veröffentlichung von Webinhalten zu beginnen und bspw. die Einrichtung von Diskussionsforen, Shops oder die Anbindung an andere Systeme erst zu einem späteren Zeitpunkt zu realisieren.

Bei der Wahl eines CMS-Anbieters sollte darauf geachtet werden, dass dieser gut am Markt etabliert und die Wahrscheinlichkeit des Ausscheidens aus dem Geschäft relativ gering ist. So kann das KMU davon ausgehen, dass auch in Zukunft regelmäßig Neuerungen und Updates für das System bereitgestellt werden. Updates und Erweiterungen sind zum einen für die schnellstmögliche und kostengünstige Umsetzung von neuen Anforderungen des Unternehmens vonnöten. Andererseits sind sie notwendig, um aktuelle Technologien und Standards zu unterstützen.[171] Ganz besonders wichtig ist die schnelle Bereitstellung von Updates, sobald Sicherheitslücken oder andere Fehler im CMS bekannt werden (wie bereits in Abschnitt 3.5 erwähnt).

Zudem sollte das CMS Application Programming Interfaces (API) bereitstellen, damit gewünschte Änderungen an bestehenden CMS Funktionalitäten oder Erweiterungen am Funktionsumfang unabhängig vom Hersteller durchgeführt werden können.[172]

Idealerweise sollte das CMS soweit ausgebaut werden können, dass es neben der Pflege des Webauftritts auch als Plattform für die Kommunikation und Interaktion zwischen Mitarbeitern, Geschäftspartnern und Website-Benutzern oder sogar als Enterprise Content Management System (ECMS) Lösung für den Einsatz im gesamten Unternehmen verwendet werden kann.[173]

---

[170] Vgl. Onasch, Lars, 2009.
[171] Vgl. Schmidt, Artur P., 2005, S. 82.
[172] Vgl. Büchner, Heino et al., 2001, S. 147.
[173] Vgl. Schmidt, Artur P., 2005, S.81 und Onasch, Lars, 2009.

4.3.4 CMS als Standardlösung oder individuell entwickeltes System

Die auf dem Markt angebotenen CMS lassen sich grob in zwei Kategorien unterteilen. Einerseits wird eine Vielzahl von CMS als Standardlösung angeboten, die geeignet sind, wenn diese die Anforderungen des Unternehmens abdecken. Ist dies nicht der Fall, können andererseits CMS individuell für ein Unternehmen entwickelt und speziell an dessen Bedürfnisse angepasst werden.

Für die Anforderungen von KMU sind Standard-CMS in der Regel ausreichend.[174] Gründe hierfür sind die einfache Installation, die bereits dargestellte Möglichkeit der leichten Integration in die bestehende IT-Infrastruktur, die einfache Bedienbarkeit und die hohe Leistungsfähigkeit aufgrund des hohen Funktionsumfangs.[175] Standardlösungen verfolgen das Ziel, die Anforderungen möglichst vieler Anwendungsgebiete abzudecken und bieten eine Vielzahl an Konfigurationsmöglichkeiten. Unternehmen sollten sich für ein Standard-CMS entscheiden, das sich bereits auf dem Markt etabliert hat und vom Hersteller permanent weiterentwickelt wird.[176]

Auf dem Markt werden sehr viele Standard-CMS unter einer General Public License (GPL) angeboten und stehen somit kostenlos zur Nutzung zur Verfügung. Darüber hinaus kann der Programm-Code (oftmals unabhängig vom Anbieter) hinsichtlich einzelner Anforderungen des Unternehmens modifiziert werden, um bestehende Funktionalitäten anzupassen oder das System um spezielle Features zu erweitern.[177]

Bei der Entscheidung für ein kostenloses System sollte allerdings berücksichtigt werden, dass im Gegensatz zu einem kommerziellen System im Bedarfsfall keine professionelle Unterstützung seitens des Herstellers erwartet werden kann. Einige der kostenlosen Systeme werden allerdings weltweit häufig eingesetzt und sind daher von einer Vielzahl von Benutzern getestet. Das dabei aufgebaute Know-how und die gesammelten Erfahrungen werden in diversen Foren und zahlreichen Veröffentlichungen in der Literatur geteilt, sodass auch für die kostenlosen Standard-Systeme ausreichend Unterstützung vorhanden ist.[178]

Zusammenfassend kann gesagt werden, dass bei der Auswahl eines CMS darauf zu achten ist, dass die Anforderungen des Unternehmens im Vordergrund stehen und davon abhängig ein System ausgewählt werden sollte. Dabei sind u.a. eine einfache

---

[174] Vgl. Ehrmann, Thomas et al., 2002, S. 22.
[175] Vgl. Schmidt, Artur P., 2005, S.83.
[176] Vgl. Onasch, Lars, 2009.
[177] Vgl. Carl, Denny, 2007, S. 54.
[178] Vgl. Carl, Denny, 2007, S. 54; Stöckl, Andreas et al. 2006, S. 24 und Oyen, Jörg, 2006, S. 69.

Bedienbarkeit, Integrationsfähigkeit in die bestehende IT-Infrastruktur eines Unternehmens, Zukunftsfähigkeit und Erweiterbarkeit des Systems von Bedeutung. Auf Grundlage dieser Anforderungen muss sich ein Unternehmen entweder für ein Standardsystem oder ein individuell zu entwickelndes CMS entscheiden. Im Anschluss wird überblickartig auf zwei kostenlose Standard-CMS eingegangen.

4.4 Vergleich von Joomla! und Typo3

Der folgende Vergleich der CMS Joomla! und Typo3 soll Unternehmen als zusätzliche Grundlage für die Auswahl eines CMS dienen. Diese zählen zu den bekanntesten und vielfach eingesetzten Systemen unter einer Open-Source-Lizenz.[179] Beide wurden mit der Programmiersprache PHP geschrieben und werden oftmals zusammen mit einem Apache Webserver und einer MySQL Datenbank eingesetzt.[180] Diese Zusammenstellung hat sich in der Praxis bewährt. Zudem sind all diese Programme kostenlos verfügbar und können somit frei verwendet werden.[181]

Sowohl Joomla! als auch Typo3 wurden so entwickelt, dass sie modular aufgebaut sind und ihre Kernkomponenten beliebig erweitert werden können. Dies ist die Grundlage für Communities mit zahlreichen Entwicklern, die mit der regelmäßigen Bereitstellung von Updates und neuen Extensions den Funktionsumfang dieser Systeme immer weiter ausbauen.[182]

Mit den aktuellen Versionen Joomla! 1.5.15[183] und Typo3 4.3.1[184] sowie deren zahlreichen Erweiterungen gibt es auf dem Markt zwei kostenlose Systeme, die nahezu alle gängigen Anforderungen zur Erstellung von Websites abdecken.[185]

Nachfolgend sollen zwei wesentliche Unterschiede herausgegriffen werden, um zu zeigen, dass sich Joomla! und Typo3 trotz vieler Gemeinsamkeiten dennoch in einigen Merkmalen erheblich unterscheiden und nicht in gleicher Weise für den Einsatz geeignet sind.

Dies betrifft zum einen die Bedienbarkeit, welche in Abschnitt 4.3.1 bereits als wichtiges Kriterium für CMS dargestellt wurde. Hierbei unterscheiden sich Joomla! und Typo3 deutlich. Die Benutzeroberfläche von Typo3 ist mit einer Vielzahl von Menüs,

---

[179] Vgl. Kannengiesser, Caroline et al., 2007, S. 1400; Ahlswede, Martina et al., 2009, S. 92. und Bager, Jo, 2008, S. 135.
[180] Vgl. Bähr, Tobias, 2009; Harms, Florian, 2007, S. 26 und Ripfel, Franz et al., 2008, S. 33ff.
[181] Vgl. Münz, Stefan, 2008, S. 503.
[182] Vgl. Ahlswede, Martina et al., 2009, S. 92.
[183] Vgl. o.V. (a), 2010.
[184] Vgl. o.V. (b), 2010.
[185] Vgl. Kannengiesser, Caroline et al., 2007, S. 1454 und Carl, Denny, 2007, S. 54.

Buttons und Icons sehr umfangreich, sodass Anwender einige Zeit zur Einarbeitung brauchen und sich anfangs schlechter zurechtfinden als in Joomla!.[186] Dort hingegen ist die Oberfläche einfach strukturiert, gut zu verstehen und leicht zu bedienen.[187] Aus diesem Grund können sich Anwender relativ zügig einarbeiten.[188]

Ein weiterer großer Unterschied zwischen den beiden Systemen besteht in der Benutzerverwaltung und der Möglichkeit, individuelle Rechte für unterschiedliche Anwender und -gruppen zu vergeben. Typo3 bietet diesbezüglich die Möglichkeit einer sehr detaillierten Rechtevergabe. So können sowohl Benutzer zu Gruppen mit gleichen Rechten zusammengefasst werden, als auch einzelnen Benutzern individuelle Rechte zugewiesen werden. Darüber hinaus kann definiert werden, welche Seiten des Webauftritts und welche Inhalte ein Benutzer ändern darf.[189]

In Joomla! hingegen beschränken sich die Möglichkeiten zur Rechteverwaltung auf wenige bereits vordefinierte Gruppen, bei denen keine Anpassungen vorgenommen werden können.[190] Demzufolge ist Joomla! für die Verwaltung von Websites nur geeignet, wenn Inhalte nur von wenigen Benutzern gepflegt werden und eine detaillierte Rechtevergabe nicht notwendig ist.[191]

Es kann festgehalten werden, dass Joomla! vorwiegend für die Pflege weniger umfangreicher Webauftritte geeignet ist. Typo3 hingegen ist aufgrund des hohen Aufwands zur Installation und Einrichtung des Systems sowie der höheren Hardwarevoraussetzungen für kleine Webauftritte überdimensioniert und eher für den professionellen Einsatz zur Pflege umfangreicher Websites geeignet.[192]

Beispielunternehmen – LMS GmbH

Die LMS GmbH hat sich zur Generierung von dynamischen Webseiten und Pflege der Inhalte für den Einsatz des CMS Joomla! entschieden. Gründe dafür waren neben der einfachen Bedienbarkeit vor allem die kostenlose Verfügbarkeit. Darüber hinaus sind mit der aktuellen Version 1.5.15 und den verfügbaren Erweiterungen alle Voraussetzungen gegeben, um die benötigten Features wie Online-Shop und FAQs zu implementieren. Durch den modularen Aufbau des CMS und den vorhandenen Programmierschnittstellen kann der Webauftritt gegebenenfalls zu einem späteren

---

[186] Vgl. Carl, Denny, 2007, S. 55f.
[187] Vgl. Rahmel, Dan, 2009, S. 3 und Steyer, Ralph, 2009, S. 9f.
[188] Vgl. Steyer, Ralph, 2009, S. 9.
[189] Vgl. Gaul, Andreas, 2009, S. 15.
[190] Vgl. Steyer, Ralph, 2009, S. 11.
[191] Vgl. Carl, Denny, 2007, S. 57; Schürmann, Tim, 2008, S. 10 und Steyer, Ralph, 2009, S. 12.
[192] Vgl. Carl, Denny, 2007, S. 54ff. und Gaul, Andreas, 2009, S. 17.

Zeitpunkt weiter ausgebaut werden.

Da nur zwei IT-Mitarbeiter der LMS GmbH für die Pflege der Website-Inhalte verantwortlich sind, kann der erwähnte Nachteil der eingeschränkten Möglichkeiten der Rechtevergabe vernachlässigt werden, da für die geringe Anzahl an Mitwirkenden eine interne Absprache möglich ist und diese nicht notwendigerweise durch ein CMS unterstützt werden muss.

Die IT-Mitarbeiter haben die Einrichtung des CMS übernommen. Es müssen jedoch noch wichtige Faktoren bezüglich Web-Design und Suchmaschinenoptimierung berücksichtigt werden.

Details zum Einsatz von Joomla! bei der LMS GmbH werden im Anhang 2 dargestellt.

5 Fazit

Durch die quantitative und qualitative Abgrenzung zu Großunternehmen wurde in dieser Diplomarbeit die Begrifflichkeit der KMU erläutert und die Bedeutung für eine Volkswirtschaft verdeutlicht. Mit einem Webauftritt können die individuellen Bedürfnisse von KMU verfolgt werden, die sich aufgrund ihrer Verschiedenartigkeit und spezifischen wirtschaftlichen Situationen ergeben.

Ein Unternehmen muss bei der Planung der Funktionalitäten und Inhalte einer Website genau definieren, welche Ziele mit dem Webauftritt verfolgt werden sollen. Zudem ist es fundamental, die Bedürfnisse der Zielgruppen zu berücksichtigen.

Abhängig von den zu implementierenden Funktionalitäten und Inhalten einer Website muss eine Auswahl zwischen statischen und dynamischen Websites getroffen werden. Bei dieser Entscheidung sind verschiedene Kostenfaktoren zu berücksichtigen, um einen wirtschaftlichen Nutzen aus der Investition zu erzielen.

Anforderungen von KMU lassen sich mithilfe von CMS realisieren. Diese sind modular aufgebaut und ermöglichen die Implementierung einzelner Features auf der Website. Auf diese Weise kann der Webauftritt sukzessiv um die benötigten Funktionalitäten ausgebaut werden und an Komplexität gewinnen.

Der in dieser Diplomarbeit erarbeitete Leitfaden ist jedoch nur ein Abriss von Aspekten, die KMU bei der Planung eines individuellen und professionellen Webauftritts berücksichtigen müssen. Themengebiete wie Web-Design (Usability, Barrierefreiheit) und Suchmaschinenoptimierung wurden nur sehr oberflächlich angerissen und rechtliche Aspekte ganz außen vor gelassen, da diese sehr komplex sind und nicht im Fokus dieser Arbeit standen.

Der Vergleich der CMS Joomla! und Typo3 hat sich einerseits auf die in der Literatur gemachten Aussagen gestützt. Andererseits wurde für die Erstellung der Beispiel-Website das CMS Joomla! verwendet. Dadurch konnten auch praktische Erfahrungen im Umgang mit diesem CMS eingebracht werden. Allerdings ist der Vergleich dieser zwei Open-Source-Systeme nicht hilfreich für KMU, wenn Aussagen über Vor- oder Nachteile aller am Markt verfügbaren CMS getroffen werden sollen.

Auf eine konkrete Auflistung von Kosten konnte nicht eingegangen werden, da das Angebot von Dienstleistern und CMS auf dem Markt zu groß ist und die Anforderungen der KMU an Websites zu verschieden sind. Deshalb wurden nur allgemeine Kostenfaktoren aufgezeigt, die berücksichtigt werden müssen.

Für zukünftige Forschung wäre es interessant, diese Kostenfaktoren auf die individuellen Merkmale und Bedürfnisse von KMU zu beziehen. Dabei wäre es auch von wirtschaftlicher Bedeutung, den Nutzen der eingesetzten Features messbar zu machen.

„The future belongs to those who prepare for it today."[193]
Malcolm X (1925 – 1965)

Auch wenn Malcolm X zu seiner Lebenszeit noch keine Vorstellung haben konnte, welche Möglichkeiten das Internet für die Interaktion und Kommunikation in der heutigen Zeit bietet, ist sein Zitat doch richtungweisend. Professionelle und funktionelle Webauftritte werden in Zukunft noch mehr an Bedeutung gewinnen und im hohen Maße zum wirtschaftlichen Erfolg von Unternehmen beitragen.

---

[193] The Quotations Page, 2010.

Anhangsverzeichnis

Anhang 1   Funktionalitäten und Inhalte des Webauftritts der LMS GmbH

Anhang 2   Einsatz von Joomla! für den Webauftritt der LMS GmbH

Anhang

Anhang 1: Funktionalitäten und Inhalte des Webauftritts der LMS GmbH

Abbildung: Startseite des Webauftritts der LMS GmbH

Bereits beim Aufruf der Startseite erhalten Website-Besucher einen Überblick über das Informations- und Leistungsangebot des Unternehmens. Mithilfe der angebotenen Links auf der Startseite, in der Hauptnavigation und Fußzeile können Kunden direkt zu den Unternehmensinformationen, Produkten, FAQs, Kontaktinformationen und dem Impressum gelangen.

Über die drei Produktkategorien (Ketten & Zubehör, Seile & Zubehör, Ladungssicherungen) ist es möglich, zum Online-Shop zu gelangen. Zu jedem Artikel wird die mögliche Lieferzeit angezeigt, die in der Regel 24 Stunden beträgt.

Durch das Einblenden des Warenkorbes im linken Bereich erhalten Anwender schon beim ersten Blick auf die Website die Information, dass Produkte direkt online bestellt werden können.

Abbildung: Bestellmöglichkeit auf der Produktdetail-Seite

Nach der Auswahl der gewünschten Produkte kann von jeder Seite aus der Warenkorb aufgerufen werden, um mit dem Bestellvorgang zu beginnen. Nach der Eingabe der Kundendaten (Name, Adresse, E-Mail etc.), Auswahl der Versand- und Zahlungsart kann die Bestellung abgeschickt werden. Im Anschluss daran wird dem Kunden die Information angezeigt, dass die Bestellung entgegen genommen wurde und eine Bestätigung per E-Mail gesandt wird. Zudem erhält er die Möglichkeit, die Bestellung auszudrucken.

Anhang 2: Einsatz von Joomla! für den Webauftritt der LMS GmbH

In der Joomla! Version 1.5.15 sind bereits viele der Funktionalitäten und Features integriert, welche für die Erstellung des Webauftritts der LMS GmbH benötigt wurden. Für die Implementierung des Online-Shops, der FAQs und des Impressums wurden darüber hinaus zusätzlich einige Erweiterungen installiert. Eine vollständige Liste der verwendeten Extensions wird nachfolgend dargestellt:

Feature	Verwendete Extension
Online-Shop (Auswahl der Kategorie auf der Startseite, Produktübersichten der drei Kategorien, Produktdetails, detaillierter Warenkorb sowie Durchführung der Bestellung)	VirtueMart Version 1.1.4
Deutsche Übersetzung für den Online-Shop	Language Pack VirtueMart Version 1.0.15
Möglichkeit direkt aus dem Hauptmenü auf eine Produktgruppe im Online-Shop zu verlinken	VirtueMart Menu Addon Version 1
Kleiner Warenkorb auf der linken Seite	VirtueMart Cart Version 1.1.4
FAQ	QuickFAQ Version 1.0.3
Impressum	Impressum Reloaded Version 2.1.3

Bei der Erstellung der Website waren die zahlreichen Einträge in Foren für die Installation und Einrichtung der Funktionalitäten von großem Nutzen. Auf sämtliche aufgetretene Fragen konnten somit schnell Antworten und entsprechende Hilfestellungen gefunden werden. Die Bedienung des Backends zur Einrichtung der Funktionalitäten und Erstellung der Inhalte war übersichtlich und leicht. Die Anpassung der Templates für die optische Gestaltung der Website hat sich hingegen als schwieriger erwiesen. Einerseits war es teilweise schwierig, die benötigten Dateien im File-System zu finden, die angepasst werden mussten. Andererseits waren in den anzupassenden Dateien PHP-Code und HTML-Code vermischt, weshalb die optische Gestaltung nur mit Programmierkenntnissen möglich war.

Referenzen

Ahlswede, Martina et al.: Content Management: Erweiterungen für Joomla und Typo3, in: IX: Magazin für Professionelle Informationstechnik, Ausgabe 3, 2009, S. 92-94.

Alby, Tom et al.: Suchmaschinenoptimierung: Professionelles Website-Marketing für besseres Ranking, Carl Hanser, 2. aktualisierte Auflage, München, 2007.

Austerberry, David: Digital Asset Management: How to realise the value of video and image libraries, Focal, Burlington, 2004.

Bacher, Matthias R.: Outsourcing als strategische Marketing-Entscheidung, Diss., Deutscher Universitäts-Verlag, Wiesbaden, 2000.

Bager, Jo: Homepage-Manager: Integrierte Content-Management-Systeme und 1-Klick-Installationen der Provider, in: c't: Magazin für Computer Technik, Ausgabe 15, 2008, S. 134-135.

Bähr, Tobias: Detaillierte Anforderungsliste, elektronisch veröffentlicht unter: http://www.drupalcenter.de/node/320, Stand: 08.12.2009.

Balci, Ismail et al.: Web Content Management und Cross-Media Publishing im Web 2.0, in: Kollmann, Tobias et al. (Hrg.): Web 2.0: Trends und Technologien im Kontext der Net Economy, Deutscher Universitäts-Verlag, 1. Auflage, Wiesbaden, 2007, S. 69-90.

Bärwolff, Hartmut et al.: IT-Systeme in der Medizin, Vieweg, 1. Auflage, Wiesbaden, 2006.

Bauer, Hans H et al.: Kundenbeziehungen über das Internet, in: der markt: 37. Jahrgang, Nr. 146/147, S. 119-128.

Bergmann, Lars et al.: Herausforderungen kleiner und mittlerer Unternehmen, in: Dombrowski Uwe et. al (Hrg.): Modernisierung kleiner und mittlerer Unternehmen: Ein ganzheitliches Konzept, Springer, Berlin/ Heidelberg, 2009, Seite 5-29.

Büchner, Heino et al.: Web Content Management: Websites professionell betreiben, Galileo Press, 1. Auflage, Bonn, 2001.

Bundesministerium für Wirtschaft und Technologie (Hg.): e-f@cts: Informationen zum E-Business: Innovationspolitik, Informationsgesellschaft, Telekommunikation, Aktualisierte Ausgabe Nr. 11, Februar 2006.

Bundesregierung Deutschland (Hg.): Den Mittelstand stark machen, elektronisch veröffentlicht unter: http://www.bundesregierung.de/nn_774/Content/DE/Artikel/2001-2006/2006/07/2006-07-19-mittelstandsinitiative.html, Stand: 06.10.2009.

Burgess, Stephen: A Staged Approach to Identifying Web Site Features for Small Businesses, in: Khosrow-Pour, Mehdi (Hrg.): Information Technology & Organizations: Trends, Issues, Challenges & Solutions, Volume 1, 2003, S. 290-293.

BVDW (Hrsg.): BVDW: Conversion Rate ist zentrales Thema im E-Commerce, elektronisch veröffentlicht unter: http://www.bvdw.org/index.php?id=98&tx_ttnews%5Btt_news%5D=2976&cHash=8078c5bdea, Stand: 06.11.2009.

Carl, Denny: Webwelten: Für Groß und Klein: Fünf CMS auf PHP-Basis, in: IX: Magazin für Professionelle Informationstechnik, Ausgabe 12, 2007, S. 54-62.

Cooper, Joan et al.: A Model of Internet Commerce Adoption (MICA), in: Rahman Syed et al. (Hrg.): Electronic Commerce: Opportunity and Challenges, Idea Group, Hershey/London, 2000, S. 189-201.

DENIC (Hg.): Domainzahlenvergleich international, elektronisch veröffentlicht unter: http://www.denic.de/hintergrund/statistiken/internationale-domainstatistik.html, Stand: 06.11.2009.

Deutscher Bundestag, 14. Wahlperiode: Schlussbericht der Enquete-Kommission: Globalisierung der Weltwirtschaft – Herausforderungen und Antworten, Drucksache 14/9200, 2002.

Doering, Ina (Hg.): Buchhandel im Internet: Praktische Tipps, 1. Auflage, Morrisville, 2008.

Ehrmann, Thomas et al.: Originäre und komplementäre Leistungspotentiale des E-Commerce: Bestandsaufnahme für KMU am Beispiel des Internet-Buchhandels, in: Meyer, Jörn-Axel (Hg.): New Economy in kleinen und mittleren Unternehmen, Vahlen, München, 2002, S. 15-28.

Eimeren van, Birgit et al.: Der Internetnutzer 2009 – multimedial und total vernetzt?: Ergebnisse der ARD/ZDF-Onlinestudie 2009, in: Media Perspektiven Ausgabe 7, 2009, S. 334-348, elektronisch veröffentlicht unter: www.ard-zdf-onlinestudie.de/fileadmin/Online09/Eimeren1_7_09.pdf, Stand: 22.11.2009.

Ergenzinger, Rudolf et al.: Re-Industrialisierung in Europa durch KMU, in: Berndt Ralph (Hg.): Weltwirtschaft 2010: Trends und Strategien, Springer, Berlin/Heidelberg, 2009, S. 103-113.

Ergenzinger, Rudolf et al.: Unternehmertum als Erfolgsfaktor von KMU – Was kann das Management davon lernen?, in: Berndt Ralph (Hg.): Management-Konzepte für kleine und mittlere Unternehmen, Springer, Berlin/Heidelberg, 2006, S. 65-83.

Erlhofer, Sebastian: Suchmaschinen-Optimierung für Webentwickler: Grundlagen, Funktionsweisen und Ranking-Optimierung, Galileo Press, 1. korrigierter Nachdruck, Bonn, 2005.

Europäische Kommission (Hg.): Die neue KMU-Definition: Benutzerhandbuch und Mustererklärung, 2006.

European Commission (Hg.): Research for the benefit of SMEs, elektronisch veröffentlicht unter: http://cordis.europa.eu/fp7/capacities/research-sme_en.html, Stand: 18.10.2009.

European Commission (Hg.): SMEs in Europe, including a first glance at EU candidate countries, Observatory of European SMEs, No. 2, Luxemburg, 2002.

Fischer, Hajo: KMU in der New Economy: Fehlen die Voraussetzungen? Eine empirisch fundierte Bestandsaufnahme mit Lösungsvorschlägen, in: Meyer, Jörn-Axel (Hg.): New Economy in kleinen und mittleren Unternehmen, Vahlen, München, 2002, S. 29-61.

Förster, Anja et al.: Offensives Marketing im E-Business: Loyale Kunden gewinnen - CRM-Potenziale nutzen, Springer, Berlin/Heidelberg, 2002.

Friedlein, Ashley (Hg.): Maintaining & Evolving Successful Commercial Web Sites, o.O., 2003.

Fröschle, Hans-Peter et al. (Hrg.): Enterprise Content Management, Dpunkt, Heidelberg, 2007.

Fulford, Heather: World Wide Markets and the World Wide Web: Problems and Possibilities for Small Businesses, in: Zappala, Salvatore et al. (Hrg.): Impact of e-Commerce on Consumers and Small Firms, Ashgate, Hampshire, 2006, S. 151-160.

Gentsch, Peter: Personalisierung der Kundenbeziehung im Internet - Methoden und Technologien, in: Hippner, Hajo et al. (Hrg.): Handbuch Web Mining im Marketing, Vieweg, 1. Auflage, Braunschweig, Wiesbaden, 2002, S. 267-310.

Gilmore, Audrey et al.: E-marketing and SMEs: operational lessons for the future, in: European Business Review, Vol. 19, No. 3, 2007, S. 234-247.

Graf, Hagen: Joomla! 1.5: Websites organisieren und gestalten mit dem Open Source-CMS, Addison-Wesley, München, 2008.

Greif, Björn: Studie: Bing vervierfacht in Deutschland seine Nutzerzahlen, elektronisch veröffentlicht unter: http://www.zdnet.de/news/digitale_wirtschaft_internet_ebusiness_studie_bing_vervierfa cht_in_deutschland_seine_nutzerzahlen_story-39002364-41510303-1.htm, Stand: 05.11.2009.

Harms, Florian: Joomla!: Für erfolgreiche und attraktive Websites, Franzis Verlag, Poing, 2007.

Heinemann, Gerrit: Der neue Online-Handel: Erfolgsfaktoren und Best Practices, Gabler, 1. Auflage, Wiesbaden, 2009.

Hermann, Uwe: Outsourcing Strategies for SMS-Companies, in: Berndt Ralph (Hg.): Management-Konzepte für kleine und mittlere Unternehmen, Springer, Berlin/Heidelberg, 2006, S. 259-276.

Heyn, Volker: Online-Marketing, in: E-Business – Handbuch für den Mittelstand: Grundlagen, Rezepte, Praxisberichte: Bullinger, H.-J. et al. (Hrg.), Berlin/Heidelberg, 2000, S. 145-154.

Hilzenbecher, Uwe: Wachstumsstrategien für KMU, in: Berndt Ralph (Hg.): Management-Konzepte für kleine und mittlere Unternehmen, Springer, Berlin/Heidelberg, 2006, S. 85-110.

Hohmann, Joachim et al.: Wirtschaftlichkeit des Einsatzes von CAFM, in: May, Michael (Hg.): IT im Facility Management erfolgreich einsetzen: Das CAFM-Handbuch, Springer, Berlin, Heidelberg, 2004, S. 81-100.

Institut für Mittelstandsforschung Bonn: KMU-Definition des IfM Bonn, elektronisch veröffentlicht unter: http://www.ifm-bonn.org/index.php?utid=89&id=101, Stand: 10.09.2009.

Irie, Robert: Web Site Desing, in: Bidgoli, Hossein (Hg.): The Internet Encyclopedia, Vol. 3, New Jersey, 2004, S. 768-775.

Jacobsen, Jens: Website Konzeption: Erfolgreiche Websites planen, umsetzen und betreiben, Addison-Wesley, München, 2009.

Jahnke, Isa et al.: Crowdsourcing, in: Back, Andrea et al. (Hrg.): Web 2.0 in der Unternehmenspraxis: Grundlagen, Fallstudien und Trends zum Einsatz von Social Software, Oldenbourg, München, 2008, S. 132-141.

Kannengiesser, Caroline et al.: PHP5/MySQL5, Master Edition, Franzis Verlag, Poing, 2007.

Kausch, Christoph: A Risk-Benefit Perspective on Early Customer Integration, Physica-Verlag, Heidelberg/New York, 2007.

Koch, Daniel: Suchmaschinen-Optimierung: Website-Marketing für Entwickler, Addison-Wesley, München, 2007.

Künnemann, Sabine: Vertriebsrecherche leicht gemacht: Die besten Informationsquellen zu Kunden, Wettbewerb und Trends, Gabler, 1. Auflage, Wiesbaden, 2004.

Maier, Ronald et al.: Enterprise Knowledge Infrastructures, Springer, 2. Ausgabe, Berlin/Heidelberg, 2009.

Mendo, Fernando Alonso et al.: Understanding web site redesigns in small- and medium-sized enterprises (SMEs): a U.K.-based study on the applicability of e-commerce Stage Models, in: European Journal of Information Systems, Vol. 18, 2009, S. 264-279.

Mendo, Fernando Alonso et al.: The Evolving Web Presence of SMEs: An Empirical Approach to E-Business, in: Al-Qirim, Nabeel (Hrg.): Global Electronic Business Research: Opportunities and Directions, Idea Group, Hershey/London, 2006, S. 15-41.

Meyer, Matthias (Hrg.): CRM-Systeme mit EAI: Konzeption, Implementierung und Evaluation, Vieweg, 1. Auflage, Braunschweig/Wiesbaden, 2002.

Münz, Stefan: <Webseiten professionell erstellen>: Programmierung, Design und Administration von Webseiten, Addison-Wesley, 3. überarbeitete erweiterte Auflage, München, 2008.

Netzwerk Elektronischer Geschäftsverkehr (Hg.): Website Award NRW 2009, elektronisch veröffentlicht unter: http://nrw.website-award.net/index.php?id=66, Stand: 28.09.2009.

Onasch, Lars: Spezielle Anforderungen an Content Management Systeme für den Mittelstand, elektronisch veröffentlicht unter: http://www.contentmanager.de/magazin/artikel_917_content_management_mittelstand_auswahl.html, Stand 09.10.2009.

Organisation For Economic Co-Operation and Development - OECD (Hg.): Policy Brief: Small and Medium-sized Enterprises: Local Strength, Global Reach, elektronisch veröffentlicht unter: www.oecd.org/dataoecd/3/30/1918307.pdf, Stand: 28.09.2009.

Otim, Samuel et al.: An empirical study on Web-based services and customer loyalty, in: European Journal of Information Systems, Vol. 15, 2006, S. 527-541.

o.V.: Produkte und Anbieter, elektronisch veröffentlicht unter: http://www.contentmanager.de/itguide/marktuebersicht_produkte_cms.html, Stand: 01.12.2009.

o.V. (a): Download Joomla!, elektronisch veröffentlicht unter: http://www.joomla.de/download-joomla.html, Stand: 15.01.2010.

o.V. (b): TYPO3 Source, elektronisch veröffentlicht unter: http://typo3.org/download/packages/, Stand: 15.01.2010.

Oyen, Jörg: Webinhalte managen: Entscheidungshilfe für Content-Management-Systeme, in: Publisher, Ausgabe 6, 2006, S. 67-71, elektronisch veröffentlicht unter: www.publisher.ch/dynpg/upload/imgfile1099.pdf, Stand: 28.09.2009.

Page, Lawrence et al.: The PageRank Citation Ranking: Bringing Order to the Web, 1998, elektronisch veröffentlicht unter: http://ilpubs.stanford.edu:8090/422/1/1999-66.pdf, Stand 02.11.2009.

Pakroo, Peri H.: The Small Business Start-Up Kit: A Step-by-Step Legal Guide, NOLO, 5. Auflage, o.O., 2008.

Pawlowitz, Nina et al.: Das kleine Unternehmen im Internet, Interest, Kissing, 2003.

Porter, Thomas: User-Centered Design and Marketing: Online Customer Value, in: Becker, Annie (Hg.): Electronic Commerce: Concepts, Methodologies, Tools and Applications, Idea Group, Volume 1, Hershey/London, 2008, S. 258-270.

Portmann, Christoph: Integration des Internets ins Marketing, in: Organisator, Februar 2009, S. 20-21, elektronisch veröffentlicht unter: ww.scoremarketing.ch/WissensBox/pdfs/lesenswert/integration_internet_0902.pdf., Stand: 13.11.2009.

Potts, Kevin (Hg): Web Design and Marketing Solutions for Business Websites, Apress, o.O., 2007.

Qureshi, Israr et al.: Understanding online customer repurchasing intention and the mediating role of trust – an empirical investigation in two developed countries, in: European Journal of Information Systems, Vol. 18, 2009, S. 205-222.

Rahmel, Dan (Hg.): Beginning Joomla!, Apress, 2. Auflage, o.O., 2009.

Ripfel, Franz et al.: Das Typo3 Profihandbuch: Der Leitfaden für Entwickler und Administratoren zu Version 4.1, Addison-Wesley, München, 2008.

Roddewig, Sven: Website Marketing: So planen, finanzieren und realisieren Sie den Marketing-Erfolg Ihres Online-Auftritts, Vieweg, 1. Auflage, Braunschweig/Wiesbaden, 2003.

Rodewald, Bernd: Mittelstand und Kreditversorgung - Bauernopfer der Globalisierung?, in: Tietmeyer Hans et al. (Hrg.): Globalisierung der Finanzindustrie: Beiträge des Duisburger Banken-Symposiums, Gabler, 1. Auflage, Wiesbaden, 2001, S. 103-122.

Schelp, David: E-Business im Mittelstand: So wird's gemacht – ein Leitfaden, in: Management, Ausgabe 6, 2003, S. 70-72, elektronisch veröffentlicht unter: www.neue-verpackung.de/ai/resources/6f869f9e099.pdf, Stand 01.11.2009.

Schmidt, Artur P.: Content-Management-Systeme: Anleitung für den richtigen Einsatz von CMS in KMU, in: KMU-Magazin, Ausgabe 8, 2005, S. 80-83.

Schürmann, Tim: Praxiswissen Joomla!, O'Reilly, 1. Auflage, Köln, 2008.

Schwarz, Torsten: Nutzerstrukturen im Internet, in: Bullinger, H.-J. et al. (Hrg.): E-Business – Handbuch für den Mittelstand: Grundlagen, Rezepte, Praxisberichte, Springer, Berlin/Heidelberg, 2000, S. 175-199.

Schwickert, Axel C. et al.: Web Content Management - Grundlagen und Anwendung mit dem Web Portal System WPS V. 2.5: Arbeitspapiere Wirtschaftsinformatik, Ausgabe 3, 2004.

Statistisches Bundesamt Deutschland (Hg.): Anteile kleiner und mittlerer Unternehmen (KMU) an ausgewählten Merkmalen 2005, elektronisch veröffentlicht unter: http://www.destatis.de/jetspeed/portal/cms/Sites/destatis/Internet/DE/Content/Statistiken /UnternehmenGewerbeInsolvenzen/KMUMittelstand/Tabellen/Content100/Produzieren desUnternehmen.psml, Stand 18.10.2009.

Statistisches Bundesamt Deutschland (Hg.): Kleine und mittlere Unternehmen in Deutschland, in: STATmagazin, Wiesbaden, 14. August 2008.

Statistisches Bundesamt Deutschland (Hg.): Ermittlung der Bruttowertschöpfung: Kostenstruktur der Unternehmen des Verarbeitenden Gewerbes sowie des Bergbaus und der Gewinnung von Steinen und Erden, Auszug aus Fachserie 4/ Reihe 4,3, Wiesbaden, 2007.

Stauss, Bernd et al.: Beschwerdemanagement: Unzufriedene Kunden als profitable Zielgruppe, 4. Auflage, Hanser, München/Wien, 2007.

Steyer, Ralph: Joomla! im Überblick, in: Contentmanager.de Handbuch: Content Management Systeme im Überblick, S. 9-12, elektronisch veröffentlicht unter: http://www.contentmanager.de/ressourcen/cm_ebook_os.php, Stand: 29.12.2009.

Stöckl, Andreas et al.: Einstieg in Typo3 4.0, Galileo Press, 2. aktualisierte und erweiterte Auflage, Bonn, 2006.

Stolpmann, Markus: Online-Marketingmix: Kunden finden, Kunden binden im E-Business, Galileo Press, 2. Auflage, Bonn, 2001.

Stumpf, Christina: So sprechen Sie die Kunden auf ihrer Webseite an, elektronisch veröffentlicht unter: http://www.contentmanager.de/magazin/artikel_358_kundenansprache.html, Stand: 08.11.2009.

Taylor, Michael et al.: SMEs and e-business, in: Journal of Small Business and Enterprise Development, Vol. 11, No. 3, 2004, S. 280-289.

Tetteh, Emmanuel et al.: Global strategies for SMe-business: applying the SMALL framework, in: Logistics Information Management, Vol. 14, No. 1/2, 2001, S. 171-180.

The Quotations Page: Malcolm X, elektronisch veröffentlicht unter: http://www.quotationspage.com/quotes/Malcolm_X/, Stand: 24.01.2010.

VeriSign (Hg.): The Domain Name Industry Brief, Vol. 4, No. 1, 2007.

Verworn, Birgit et al.: Innovationsmanagement in kleinen und mittleren Unternehmen, Arbeitspapier Nr. 7, Oktober 2000, elektronisch veröffentlicht unter: http://www.tu-harburg.de/tim/downloads/arbeitspapiere/Arbeitspapier_7.pdf, Stand: 10.10.2009.

Winkler, Jan: Websites pushen: Suchmaschinenoptimierung, Google AdSense und Affiliate-Marketing: Das Praxisbuch, Franzis Verlag, Poing, 2008.

Winkler, Peter: Computerlexikon 2010, Markt+Technik Verlag, München, 2009.

Yu, Holly: Library Web Content Management: Needs and Challenges, in: Content and Workflow Management for Library Web Sites: Case Studies, Yu Holly (Hg.), 2005, S. 1-21.

www.ingramcontent.com/pod-product-compliance
Lightning Source LLC
LaVergne TN
LVHW080104070326
832902LV00014B/2417

* 9 7 8 3 8 6 3 4 1 0 9 7 1 *